LA VIE PAR SA MORT

John Owen

Pasteur et théologien anglais (1616-1683)

LA VIE PAR SA MORT

230, rue Lupien, Trois-Rivières (Québec)
G8T 6W4 Canada

Édition originale en anglais sous le titre :
Life by His Death
Prepared by H. J. Appleby
An abridged version of the classic
The Death of Death in the Death of Christ
© 1992 by Grace Publications Trust
7 Arlington Way, London EC1R 1XA England
Reprinted 2007

Pour l'édition française traduite et publiée avec permission :
La vie par sa mort
© 2014, 2017 Publications Chrétiennes, Inc.
230, rue Lupien, Trois-Rivières (Québec)
G8T 6W4 – Canada
Site Web : www.publicationschretiennes.com
Tous droits réservés.

Traduction : Michelle Paquin
Révision : Louise Denniss

Les citations bibliques sont extraites de la *Nouvelle Version Segond révisée (Colombe)*, 1978.

ISBN : 978-2-924773-18-5
Dépôt légal – 2ᵉ trimestre 2017
Bibliothèque et Archives nationales du Québec
Bibliothèque et Archives Canada

« Impact Héritage » est une marque déposée de Publications Chrétiennes, Inc.

« Et de ce sol, rouge, fleurit
la vie qui sans fin sera. »

Adapté de Grace Hymns, no 623

La vie par sa mort

TABLE DES MATIÈRES

Avant-propos   9

Préface
    La raison d'être de ce livre   13

Introduction
    Le sujet de ce livre   15

Première partie
Le dessein de Dieu en envoyant Christ mourir   17
    Chapitres
    1. La présentation du problème
    2. Le qui, le comment et le quoi d'une chose
    3. Dieu le Père, l'Agent de notre salut
    4. Dieu le Fils, l'Agent de notre salut
    5. Dieu l'Esprit, l'Agent de notre salut
    6. L'œuvre de Christ, l'instrument de l'obtention de notre salut
    7. L'offrande délibérée de Christ et son intercession constituent
       l'unique moyen prévu pour l'accomplissement de notre rédemption

Deuxième partie
    Le véritable dessein de la mort de Christ :
    ce qu'il a accompli   31
    Chapitres
    1. Quelques définitions
    2. Qui sont ceux qui tirent avantage de la mort de Christ?
    3. Quel était le dessein de la mort de Christ?
    4. La mort de Christ fait-elle du salut une possibilité ou une certitude?
    5. Raisons pour lesquelles sont nécessairement sauvés tous ceux pour
       qui Christ est mort

Troisième partie
Seize arguments démontrant que Christ n'est pas mort
pour un salut universel   47

Chapitres
1. Deux arguments fondés sur la nature même de la nouvelle alliance
2. Trois arguments fondés sur les descriptions du salut trouvées dans la Bible
3. Deux arguments fondés sur la nature de l'œuvre de Christ
4. Trois arguments fondés sur la nature de la sainteté et de la foi
5. Un argument fondé sur le sens du mot « rédemption »
6. Un argument fondé sur le sens du mot « réconciliation »
7. Un argument fondé sur le sens du mot « satisfaction »
8. Deux arguments fondés sur la valeur de la mort de Christ
9. Un argument global à partir de versets précis des Écritures

Quatrième partie
Réponses aux arguments en faveur d'un salut universel   69

Chapitres
1. Réponses aux quatre raisons couramment invoquées en faveur d'un salut universel
2. Explication préliminaire des versets contenant le mot « monde »
3. Une étude détaillée de Jean 3.16
4. Une étude détaillée de 1 Jean 2.1-2
5. Explication sommaire de six passages des Écritures
6. Explication des versets contenant les mots « tous les hommes », « chaque homme » ou « tout homme »
7. Explication des versets qui semblent suggérer que ceux pour qui Christ est mort peuvent encore périr
8. Un faux raisonnement dévoilé

AVANT-PROPOS

Tiré de l'essai introductif du Dr J. I. Packer portant sur l'ouvrage du Dr John Owen, *The Death of Death in the Death of Christ*. Cet essai a été publié en 1959 aux Éditions Banner of Truth Trust.

The Death of Death in the Death of Christ [La mort de la mort dans la mort de Christ] est un ouvrage polémique qui tente de démontrer entre autres que la doctrine de la rédemption universelle n'est pas fondée sur les Écritures et exerce une incidence néfaste sur l'évangile. Par conséquent, plusieurs n'y trouveront probablement aucun intérêt. Ceux qui ne voient pas la nécessité de promouvoir l'exactitude doctrinale et n'ont pas de temps à consacrer aux débats théologiques qui rendent manifestes les divergences d'opinion entre ceux qui se nomment évangéliques, regretteront peut-être sa réapparition. Certains refuseront carrément de lire cet ouvrage, tant la simple évocation de la thèse d'Owen les offense. Les préjugés constituent en effet une réaction viscérale, et nous sommes si fiers de nos schibboleths théologiques. Cependant, nous espérons que cette réimpression trouvera des lecteurs d'un tout autre esprit. Il y a certains indices de nos jours montrant une résurgence de l'intérêt pour la théologie de la Bible : un nouvel empressement à mettre à l'épreuve les traditions, à scruter les Écritures et à examiner en détail la foi. C'est à ceux qui partagent cet empressement que ce traité d'Owen est offert, avec la conviction qu'il nous aidera dans l'une des tâches les plus urgentes qui incombent au monde chrétien évangélique aujourd'hui — le recouvrement de l'évangile.

Ce dernier commentaire fera peut-être sourciller certaines personnes, mais il est attesté dans les faits.

De toute évidence, le monde évangélique se trouve aujourd'hui dans un état de perplexité et de bouleversement. En ce qui a trait à l'évangélisation, l'enseignement de la sainteté, l'édification de l'Église locale, les soins pastoraux et la pratique de la discipline, une insatisfaction généralisée se manifeste concernant la condition actuelle des choses et une incertitude tout aussi répandue est exprimée quant à l'avenir. Il s'agit d'un phénomène complexe, résultant de la combinaison de plusieurs facteurs, mais si nous creusons jusqu'à la racine du problème, nous découvrirons que toutes ces complications sont en fin de compte attribuables au fait que nous avons perdu contact avec l'évangile biblique. Sans nous en rendre compte, nous avons, au cours du dernier siècle, troqué l'évangile pour un substitut qui lui ressemble à plusieurs égards, mais qui, dans son entité, constitue une notion tout à fait différente. De là tous nos troubles, car le substitut ne peut arriver au même résultat que l'évangile authentique qui a si puissamment fait ses preuves dans le passé.

Ce nouvel évangile échoue visiblement à produire une révérence profonde, une repentance profonde, une humilité profonde, un esprit d'adoration, un souci véritable pour l'Église. Pourquoi donc? Nous proposons que le problème se situe dans son essence même et dans son contenu. Il n'amène pas les hommes à être centré sur Dieu dans leurs pensées et n'inspire pas la crainte de Dieu à leurs cœurs, car ce n'est pas son but premier. En d'autres termes, la différence entre l'ancien évangile et le nouveau est que ce dernier s'intéresse exclusivement à « aider » l'homme — lui apporter la paix, le réconfort, le bonheur, la satisfaction — et se soucie trop peu de glorifier Dieu. L'ancien évangile était aussi « utile » à l'homme, voire plus que le nouveau, mais (pour ainsi dire) de façon secondaire, car son premier but consistait toujours à glorifier Dieu. Il concernait toujours et essentiellement la proclamation de la souveraineté divine dans la miséricorde et le jugement, un appel pressant à se courber et à adorer le puissant Seigneur de qui l'homme dépend entièrement pour toutes bonnes choses, à la fois celles qui proviennent de la nature et celles qui découlent de la grâce. Son cadre de référence avait sans ambiguïté Dieu pour centre. Par contre, le point de repère du nouvel évangile constitue l'homme.

Autrement dit, l'ancien évangile était *religieux*, ce qui n'est pas le cas du nouveau. Alors que le but principal de l'ancien évangile était d'enseigner aux hommes à adorer Dieu, le nouveau semble se limiter à promouvoir leur bien-être. Le sujet de l'ancien évangile était Dieu lui-même et sa relation avec l'homme. Le sujet du nouvel évangile est l'homme et l'aide que Dieu lui apporte. Un monde de différence les sépare. Toute la perspective et l'accent de la prédication ont changé.

De ce changement d'axe émane un changement de contenu, car le nouvel évangile a effectivement reformulé le message biblique, soi-disant dans l'intérêt de l'« utilité ». Par conséquent, des thèmes tels l'incapacité de l'homme à croire, le salut rendu possible par la seule élection de Dieu, et la mort de Christ pour ses brebis uniquement, ne sont pas prêchés. On dit de ces doctrines qu'elles ne sont pas « utiles »; elles pousseraient les pécheurs au désespoir, évoquant leur impuissance totale quant au salut en Christ. (La possibilité qu'un tel désespoir puisse être salutaire n'est pas considérée; on tient pour acquis qu'un tel concept ne puisse être envisagé, puisqu'il s'avérerait très dévastateur pour l'estime de soi.) Quoi qu'il en soit, ces omissions ont pour résultat que l'évangile biblique n'est pas prêché dans sa totalité, et qu'une simple partie est présentée comme s'il s'agissait du tout. Or, une demi-vérité déguisée en vérité devient essentiellement une contrevérité. Ainsi, nous supplions les hommes de se tourner vers Christ comme s'ils en avaient tous la capacité en tout temps; nous évoquons son œuvre de rédemption comme si sa mort nous avait uniquement acquis le pouvoir de nous sauver nous-mêmes en croyant; nous parlons de l'amour de Dieu comme s'il s'agissait d'une simple volonté de recevoir quiconque vient à lui pour se confier en lui; et nous présentons le Père et le Fils, non comme attirant les hommes en œuvrant de façon souveraine, mais comme attendant de manière impuissante « à la porte de nos cœurs » qu'on daigne leur ouvrir. Telle est sans contredit notre manière de prêcher; peut-être s'agit-il là des principes que nous croyons vraiment. Mais il faut proclamer avec insistance que l'évangile biblique est tout autre que cet ensemble de demi-vérités tordues. La Bible est contre nous quand nous prêchons de cette façon. Le fait que ce genre de prédication soit presque devenue la norme parmi nous démontre à quel point il est urgent de reconsidérer la situation. Recouvrer l'ancien, l'authentique évangile biblique et aligner sur lui notre prédication et notre pratique, constituent probablement notre besoin le plus pressant. C'est précisément à ce stade que le traité d'Owen sur la rédemption peut nous secourir.

PRÉFACE

La raison d'être de ce livre

Permettez-moi de vous expliquer pourquoi j'ai écrit ce livre. Loin de moi l'idée de me livrer à la controverse! La Bible nous dit toutefois de « combattre pour la foi qui a été transmise aux saints une fois pour toutes ». Ces dernières années, on m'a souvent demandé conseil en ce qui a trait au sujet de ce livre. J'entends dire aussi que l'on débat de ces questions partout au pays. J'ai donc eu la conviction qu'un tel livre devait être écrit. J'aurais souhaité qu'un autre s'en charge, mais l'écrire moi-même était préférable à la possibilité qu'il ne soit pas écrit du tout!

Je ne prétends pas être la meilleure personne pour écrire un livre de ce genre. D'autres auteurs ont abordé le sujet avec justesse. Néanmoins, je remarque qu'ils se limitent à certains points de la controverse. J'ai pensé aussi qu'il valait mieux ne pas s'en tenir simplement à ce que Christ n'a pas accompli par sa mort, mais d'expliquer en détail ce qu'il a accompli.

J'ai étudié ce sujet pendant sept ans, dans la Bible et dans tous les autres livres disponibles. Pour cette raison, puis-je vous suggérer de lire attentivement mon livre? Si quelqu'un souhaite réfuter certains éléments en les isolant du contexte du livre dans son ensemble, il a ma permission de jouir de son succès imaginaire. Mais si une personne étudie sérieusement le livre au complet, je pense alors qu'elle se laissera convaincre.

J'espère que ce livre procurera satisfaction à ceux qui

connaissent ces vérités, force à ceux qui sont vacillants, et par-dessus tout, qu'il rendra gloire au Seigneur à qui appartiennent ces vérités, quoique je sois son ouvrier le plus indigne.

JOHN OWEN
1648

INTRODUCTION

Le sujet de ce livre

La Bible dit que la mort de Jésus-Christ se compare à un règlement versé pour libérer les hommes du péché. Jusqu'à ce point, tout va bien. Cependant, il subsiste un problème! La mort de Christ, a-t-elle libéré tous les hommes, ou seulement quelques hommes, de leur péché? Les chrétiens sont divisés sur la question. Certains affirment une chose, d'autres disent autrement. Alors que dit la Bible? C'est ce qu'il nous faut découvrir.

Si nous disons que la mort de Christ était destinée à tous, nous ne pouvons déclarer en même temps qu'elle a eu lieu dans le seul but de libérer ceux que Dieu avait choisis. Si Christ est mort pour tous, il n'était pas nécessaire que Dieu se choisisse un peuple en particulier, n'est-ce pas? D'autre part, si nous soutenons que Dieu a effectivement choisi un peuple en particulier, comme la Bible l'enseigne, il aurait donc été inutile pour Christ de mourir pour tous, n'est-ce pas?

Si nous affirmons que la mort de Christ sert de rançon, ou de paiement, pour toute la race humaine, nous en déduisons soit que :

1. tous les hommes possèdent le pouvoir d'accepter ou de rejeter cette rançon; ou
2. tous les hommes sont véritablement rachetés par Christ, qu'ils en soient conscients ou non.

La mort de Christ pour tous les hommes n'a de sens que si un seul de ces énoncés est vrai. Cependant, la première déclaration fait abstraction de l'enseignement biblique attestant que les hommes sont désespérément morts dans leur péché et ne possèdent pas en eux-mêmes la capacité de venir à Christ. La deuxième nie l'enseignement biblique selon lequel certains hommes sont perdus à jamais.

Pourquoi donc certains disent-ils que la mort de Christ avait pour but de sauver tous les hommes? Il semble y avoir cinq raisons possibles :

1. Ceux qui soutiennent que la mort de Christ était pour tous semblent croire que cette idée rend Dieu plus « attirant ».
2. Le fait d'affirmer que Dieu aime tous les hommes également semble rendre son amour plus « grand ».
3. En avançant que la mort de Christ constituait la rançon pour tous, ils pensent lui accorder ainsi plus de « valeur ».
4. La Bible semble employer les mots « tous » et « monde » comme s'ils désignaient « tout le monde ».
5. Certains voudront peut-être prétendre que la mort de Christ concernait tout le monde, simplement pour être inclus dans ce « tous », quoiqu'ils ne veuillent pas changer leur façon de vivre impie!

Dans ce livre :
Nous verrons pourquoi ces cinq raisons sont erronées, et ce que la Bible enseigne réellement concernant le dessein de la mort de Jésus-Christ.

Première partie

Le dessein de Dieu en envoyant Christ mourir

Chapitre

1	La présentation du problème	19
2	Le qui, le comment et le quoi d'une chose	21
3	Dieu le Père, l'Agent de notre salut	22
4	Dieu le Fils, l'Agent de notre salut	24
5	Dieu l'Esprit, l'Agent de notre salut	25
6	L'œuvre de Christ, l'instrument de l'obtention de notre salut	26
7	L'offrande délibérée de Christ et son intercession constituent l'unique moyen prévu pour l'accomplissement de notre rédemption	27

(La deuxième partie examine en détail ce que Christ a véritablement accompli par sa mort)

Première partie
CHAPITRE 1

La présentation du problème

Christ lui-même nous a communiqué pourquoi il est venu dans le monde. Il a dit : « Car le Fils de l'homme est venu chercher et sauver ce qui était perdu » (Luc 19.10). À une autre occasion, il a déclaré que le Fils de l'homme était venu pour « donner sa vie en rançon pour beaucoup » (Marc 10.45).

L'apôtre Paul aussi a clairement affirmé la raison pour laquelle Christ est venu dans le monde : « qui s'est donné lui-même pour nos péchés, afin de nous arracher au présent siècle mauvais » (Galates 1.4). « Jésus-Christ est venu dans le monde pour sauver les pécheurs » (1 Timothée 1.15). « Il s'est donné lui-même pour nous, afin de nous racheter de toute iniquité, et de se faire un peuple qui lui appartienne, purifié par lui et zélé pour les œuvres bonnes » (Tite 2.14).

Selon ces déclarations, il est évident que le dessein de la mort de Christ consistait à :

Sauver les êtres humains du péché,

délivrer les êtres humains de ce monde inique,

rendre les êtres humains purs et saints,

créer un peuple qui pratique de bonnes œuvres.

D'autres passages bibliques expliquent ce que Jésus-Christ a effectivement accompli par sa mort. Nous pouvons noter les cinq vérités suivantes :

1. Des individus sont réconciliés avec Dieu par elle (Romains 5.1).
2. Des individus sont pardonnés et justifiés par elle (Romains 3.24).
3. Des individus sont rendus purs et saints par elle (Hébreux 9.14)
4. Des individus sont adoptés comme enfants de Dieu par elle (Galates 4.4-5).
5. Des individus reçoivent la gloire et la vie éternelle (Hébreux 9.15).

De toute évidence, la Bible enseigne clairement que la mort de Christ avait pour dessein de procurer aux hommes (et elle le fait véritablement) le pardon immédiat, et la gloire future. Si donc Christ est mort pour tous les hommes, alors de deux choses l'une :

Tous les hommes sont maintenant libérés du péché, ils sont pardonnés et seront glorifiés, ou :

Christ a failli à son objectif.

Nous savons que la première supposition est fausse, car nous l'expérimentons quotidiennement dans nos rapports avec les hommes. La deuxième, voulant que Christ ait échoué, constitue une insulte envers Dieu.

Afin d'éviter le dilemme soulevé par ces deux allégations, ceux qui disent que Christ est réellement mort pour tous les hommes affirment que l'intention de Dieu n'incluait pas que tous en bénéficient. Ils soutiennent que ce privilège est réservé seulement à ceux qui démontrent une foi leur permettant de croire en Christ. Cet acte de foi provient d'eux-mêmes, et les distingue donc des autres hommes. (Si la foi est obtenue par la mort de Christ, et s'il est mort pour tous les hommes, tous les hommes devraient donc posséder la foi !) Une telle hypothèse me semble atténuer ce que

Christ a acquis par sa mort et je m'y opposerai en établissant que l'enseignement de la Bible est tout autre!

Première partie
CHAPITRE 2

Le qui, le comment et le quoi d'une chose

Il y a trois mots que nous emploierons souvent dans ce livre. Il est donc utile de les présenter brièvement maintenant. Lorsqu'une action se produit, il y a un *agent* impliqué (*qui* fait cette chose); il y a le *moyen* utilisé (*comment* s'accomplit cette chose); et il y a aussi *l'objectif* poursuivi (*quoi*, ou le résultat).

Nous choisissons *comment* nous exécuterons une tâche (moyen) en vertu du *quoi* (résultat) escompté. Nous pouvons donc dire que la *fin* représente la *raison d'être* du *moyen*. Ainsi, si nous avons choisi le *moyen* adéquat, le *résultat* est assuré. Nous pouvons donc affirmer que le *moyen* est *responsable* du *résultat*. Manifestement, si l'*agent* désireux d'atteindre un objectif choisit le *moyen* approprié, la démarche ne peut échouer.

Nous sommes maintenant prêts à appliquer ces principes à notre discussion dans ce livre. Nous considérerons d'abord l'*agent* en question, dont l'intention est de nous racheter. Par la suite, nous examinerons le *moyen* employé pour accomplir cette rédemption. Enfin (dans la deuxième partie), nous verrons le *résultat* du *moyen* utilisé.

Selon la Bible, l'*agent* exprimant l'intention de nous sauver est le Dieu trinitaire. Tous les autres *intervenants* n'étaient que de simples instruments dans sa main (Actes 4.28). L'agent principal est la Sainte Trinité. Étudions ces faits de manière plus détaillée.

Première partie
CHAPITRE 3

Dieu le Père, Agent de notre salut

La question suivante se pose : « De quelle manière Dieu le Père est-il intervenu comme agent de notre salut? » Je réponds qu'il a opéré de deux façons : c'est le Père qui a envoyé le Fils mourir, et c'est le Père qui a puni Christ pour nos péchés. Examinons ces deux éléments de plus près.

1. Il est évident selon plusieurs versets bibliques que le Père a envoyé le Fils dans le monde. Par exemple : « mais lorsque les temps furent accomplis, Dieu a envoyé son Fils, né d'une femme, né sous la loi, afin de racheter ceux qui étaient sous la loi, pour que nous recevions l'adoption » (Galates 4.4-5). Cet envoi du Fils présuppose trois choses concernant le Père :

    i. dès l'origine, ce dessein résidait dans sa pensée (1 Pierre 1.20).
    ii. il a conféré au Fils les habiletés nécessaires pour accomplir sa mission (Jean 3.34-35). *
    iii. il a promis au Fils toute son aide pour réussir son œuvre (Actes 4.10-11).

---

* En tant que Fils de Dieu, il possédait la perfection de Dieu; en tant que Fils de l'homme, il a eu besoin de recevoir les dons nécessaires.

2. Il est évident selon plusieurs versets bibliques que le Père a infligé à Jésus-Christ la punition que méritent nos péchés. Par exemple : « Celui qui n'a point connu le péché, il l'a fait devenir péché pour nous, afin que nous devenions en lui justice de Dieu » (2 Corinthiens 5.21). Il en découle que Christ a souffert et est mort *à notre place*. Puisqu'il en est ainsi, l'idée que Christ doive souffrir à la place de ceux qui souffriront eux-mêmes pour leurs propres péchés n'est-elle pas étrange?

Nous pouvons considérer la question comme suit : Christ a souffert, soit :

Pour tous les péchés de tous les hommes, ou

pour tous les péchés de quelques hommes, ou

pour quelques péchés de tous les hommes.

Si le dernier énoncé est vrai, tous les hommes portent encore un certain nombre de leurs péchés et par conséquent personne ne peut être racheté.

Si la première affirmation est exacte, comment se fait-il que tous les hommes ne soient pas libres de leurs péchés? Vous direz peut-être que c'est parce qu'ils ne croient pas. Je vous demanderai alors : l'incrédulité n'est-elle pas un péché? Si elle ne constitue pas un péché, pourquoi les hommes sont-ils punis pour leur incrédulité? Si elle est un péché, elle doit nécessairement faire partie du lot que Christ a porté. Donc, le premier argument ne peut être vrai!

Il est donc manifeste que la seule possibilité concevable demeure que Christ a porté tous les péchés de certains hommes, ceux des élus seulement. C'est ici ce que je crois être l'enseignement de la Bible.

(La quatrième partie de ce livre traite des passages des Écritures qui contiennent les mots « monde » et « tous ».)

Première partie
CHAPITRE 4

Dieu le Fils, Agent de notre salut

Puisque Dieu le Fils a pleinement acquiescé aux intentions manifestées par le Père, nous pouvons dire qu'il est lui aussi un agent de notre salut. Jésus a dit : « Ma nourriture est de faire la volonté de celui qui m'a envoyé » (Jean 4.34). Christ a démontré son consentement de trois façons :

1. Il acceptait de mettre de côté la gloire de sa nature divine pour paraître comme un homme. « Ainsi donc, puisque les enfants participent au sang et à la chair, lui aussi, d'une manière semblable y a participé » (Hébreux 2.14). Remarquez qu'il est dit qu'il a agi ainsi non parce que la totalité de la race humaine prenait part à la chair et au sang, mais parce que « les enfants que Dieu m'a donnés » (Hébreux 2.13) étaient humains. Son consentement était lié à ces derniers, et non à toute la race humaine.

2. Il acceptait de s'offrir lui-même en sacrifice. Il est vrai qu'il a souffert passivement à bien des égards. Néanmoins, il est aussi vrai qu'il s'est livré activement et de plein gré à ces souffrances. Sans un tel consentement, ces souffrances n'auraient eu aucune valeur. Il pouvait donc affirmer avec conviction : « Le Père m'aime, parce que je donne ma vie afin de la reprendre. Personne ne me l'ôte, mais je la donne de moi-même » (Jean 10.17-18).

3. Les prières qu'il présente en ce moment même pour ses enfants démontrent son désir d'être l'agent de leur salut. Christ est entré dans le lieu très saint céleste (Hébreux 9.11-12), où il exerce une

œuvre d'intercession (la prière). Notez qu'il ne prie pas pour le monde (Jean 17.9), mais en faveur de ceux pour qui il est mort (Romains 8.34). Il demande que ceux qui lui ont été donnés soient auprès de lui pour voir sa gloire (Jean 17.24). Il est donc manifeste qu'il n'est pas mort pour tous les hommes !

Première partie
CHAPITRE 5

Dieu l'Esprit, l'Agent de notre salut

La Bible mentionne trois domaines où le Saint-Esprit travaille avec le Père et le Fils en vue de notre rédemption. Ces activités démontrent qu'il est aussi l'agent de notre salut.

1. Le corps humain que le Fils a emprunté quand il est devenu un homme, a été créé par le Saint-Esprit dans le sein de Marie. « Elle se trouva enceinte par l'action du Saint-Esprit » (Matthieu 1.18).

2. La Bible affirme que c'est par l'Esprit que le Fils s'est offert en sacrifice : « qui par l'Esprit éternel s'est offert lui-même sans tache à Dieu » (Hébreux 9.14). De toute évidence d'après ce texte, le Saint-Esprit a été de quelque manière l'instrument par lequel l'offrande a été rendue possible.

3. Certaines affirmations de la Bible, voulant que la résurrection de Christ d'entre les morts ait été le travail du Saint-Esprit, sont sans équivoque. « Mis à mort selon la chair, il a été rendu vivant selon l'Esprit » (1 Pierre 3.18).

Manifestement, le Saint-Esprit a joué un rôle important conjointement avec le Père et le Fils en vue de notre rédemption.

Nous avons constaté que chaque personne de la Trinité peut être considérée comme agent de notre salut. Aux fins de notre étude, il était utile d'établir une distinction entre les trois personnes divines. Cependant, il importe de se rappeler qu'il n'y a pas trois agents de notre salut, mais un seul, car Dieu est un. Nous pouvons donc dire que la Trinité tout entière joue le rôle d'agent de notre salut.

Première partie
CHAPITRE 6

L'œuvre de Christ, l'instrument de l'obtention de notre salut

Comme nous l'avons vu au chapitre deux, l'agent qui exécute une tâche utilise certains moyens pour atteindre son objectif. Pour accomplir notre salut, Christ a dû poser deux actions. (Je ne pense pas ici à la planification élaborée dans l'éternité pour rendre possible le salut, mais à l'accomplissement même du salut dans l'histoire.) Ces deux actes historiques de Christ sont :

1. L'offrande de sa personne dans le passé, et
2. son intercession pour nous dans le présent.

Dans l'offrande de Christ, j'inclus également son consentement à souffrir tout ce que pouvait comporter sa venue dans ce monde pour y mourir : l'abandon de sa gloire, le fait de naître d'une femme, les actes d'humilité et d'obéissance à la volonté du Père accomplis tout au long de sa vie, et enfin, sa mort même sur la croix.

En ce qui concerne son intercession en notre faveur, je tiens compte de sa résurrection et de son ascension, car ces deux éléments servent de fondement à cette intercession. Sans eux, il n'y a pas d'intercession possible.

Nous examinerons ces deux actes historiques de plus près dans le prochain chapitre, mais je veux tout de même émettre quelques commentaires à ce sujet maintenant. Ces deux actes expriment la *même intention*. L'offrande et l'intercession ont pour but de conduire « plusieurs fils à la gloire » (Hébreux 2.10). L'efficacité de ces deux actes est prévue pour les *mêmes personnes*. Il prie en faveur de ceux pour qui il est mort (Jean 17.9). Nous savons que son intercession est efficace : « Je savais que tu m'exauces toujours » a-t-il dit (Jean 11.42). Il s'ensuit donc que ceux pour qui il est mort recevront certainement toutes les bonnes choses que leur a acquises cette mort. Voilà qui anéantit tout enseignement supposant que Christ soit mort pour tous les hommes!

Première partie
CHAPITRE 7

L'offrande délibérée de Christ et son intercession constituent l'unique moyen prévu pour l'accomplissement de notre rédemption

Il est important d'observer de quelle manière, dans les Écritures, l'offrande délibérée de Christ et son intercession sont liées.

Par exemple :

> Christ justifie ceux dont il a porté les fautes (ou péchés). (Ésaïe 53.11)
>
> Christ intercède pour ceux dont il a porté les péchés. (Ésaïe 53.12)
>
> Christ est ressuscité des morts afin de justifier ceux pour qui il est mort. (Romains 4.25)
>
> Christ est mort pour les élus de Dieu et intercède maintenant pour eux. (Romains 8.33-34)

En tenant compte de ces vérités, nous déduisons que Christ n'est pas mort pour tous les hommes. S'il l'avait fait, tous les hommes seraient justifiés — de toute évidence, ils ne le sont pas.

L'offrande de sacrifices et la prière constituent les deux tâches qui incombent à un sacrificateur. S'il échoue dans l'une ou l'autre, il n'est pas fidèle dans son rôle de sacrificateur pour le peuple. Les Écritures présentent Christ comme notre propitiation (sacrifice) et comme notre avocat (représentant) (1 Jean 2.1-2). Il est dit de lui qu'il a offert son sang (Hébreux 9.11-14) et qu'il intercède pour nous (Hébreux 7.25). Parce qu'il est un sacrificateur fidèle, il doit accomplir ces deux obligations à la perfection. Puisque ses prières sont toujours entendues, il est par conséquent impossible qu'il intercède pour tous les hommes, car tous les hommes ne sont pas sauvés. Il s'ensuit donc qu'il n'est manifestement pas mort pour tous les hommes.

De plus, il faut se rappeler la manière dont Christ intercède pour nous. L'Écriture dit qu'il le fait en présentant son sang dans les lieux célestes (Hébreux 9.11-12, 24). En d'autres mots, il intercède en présentant ses souffrances au Père. Ces deux actes, la souffrance et l'intercession, concernent donc nécessairement les mêmes personnes, sinon il serait futile de faire valoir que le premier sert de fondement à l'autre.

Christ lui-même associe sa mort à son intercession comme moyen prévu pour notre rédemption dans sa prière en Jean 17. Dans cette prière, il fait référence à son offrande par la mort et à sa prière pour les siens, ceux que le Père lui a donnés. Nous ne devons pas séparer ces deux actes si Christ les met en relation. L'un sans l'autre n'a pas d'utilité, comme le déclare Paul : « Et si Christ n'est pas ressuscité, votre foi est vaine, vous êtes encore dans vos péchés » (1 Corinthiens 15.17).

Il n'y a donc aucune assurance de salut pour nous si nous dissocions la mort de Christ de son intercession. Quel serait l'avantage d'affirmer que Christ est mort pour moi dans le passé, s'il n'intercède pas pour moi dans le présent? C'est seulement parce qu'il nous justifie maintenant que nous sommes à l'abri de la condamnation de nos péchés. Je serais encore sous cette condamnation si Christ ne plaidait pas pour moi. Il est donc évident que son intercession doit être adressée en faveur des personnes pour qui il est mort — et par conséquent, il n'est pas mort pour tous les hommes!

Deuxième partie

Le dessein véritable de la mort de Christ : ce qu'il a accompli

Chapitre

1	Quelques définitions	33
2	Qui sont ceux qui tirent avantage de la mort de Christ?	34
3	Quel était le dessein de la mort de Christ?	36
4	La mort de Christ fait-elle du salut une possibilité ou une certitude?	40
5	Raisons pour lesquelles sont nécessairement sauvés tous ceux pour qui Christ est mort	43

Deuxième partie
CHAPITRE 1

Quelques définitions

Au chapitre deux de la première partie, nous avons vu que le moyen utilisé pour exécuter une tâche détermine le résultat. Afin d'en assurer la réussite, il importe d'avoir recours aux moyens adéquats. La pertinence des moyens employés fait en sorte que l'objectif est atteint. Les Écritures affirment clairement que Dieu (le Père, le Fils et l'Esprit) a pour dessein de racheter les hommes et les femmes. L'œuvre de Christ est l'instrument utilisé pour y parvenir. Puisque Dieu procède toujours de manière opportune, nous devons en conclure que les véritables rachetés sont forcément ceux qu'il avait l'intention de racheter. Autrement, Dieu aurait échoué dans l'accomplissement de son dessein.

Il est donc possible d'affirmer que deux intentions étaient visées par la mort de Christ, l'une principale et l'autre subordonnée. L'intention première de la mort de Christ consiste à glorifier Dieu. Dans tout ce qu'il fait, Dieu cherche premièrement la manifestation de sa propre gloire. Tout existe dans le but de rendre à Dieu la gloire, dans tous les siècles (Éphésiens 1.12; Philippiens 2.11; Romains 11.36).

Cependant, la mort de Christ avait un but connexe, celui de sauver les hommes et les femmes de leurs péchés et de les amener à Dieu. Je veux donc vous démontrer maintenant que par sa mort, Christ procure aux siens tout ce qui leur est nécessaire afin de jouir de manière absolue d'un tel salut.

Deuxième partie
CHAPITRE 2

Qui sont ceux qui tirent avantage de la mort de Christ?

Il faut clarifier comme il se doit qui sont précisément ceux qui profitent de la mort de Christ. Il existe trois possibilités :

a. La mort de Christ aurait pu avoir pour objet l'intérêt de Dieu le Père.
b. La mort de Christ aurait pu le favoriser personnellement.
c. La mort de Christ aurait pu contribuer à notre propre avantage.

Il faut se rappeler que je considère ici l'intention subordonnée de la mort de Christ et il est possible de démontrer qu'en ce sens, la mort de Christ n'avait *pas* pour objet de procurer un avantage à Dieu le Père.

On avance parfois l'argument que Christ est mort afin de fournir à Dieu l'occasion de pardonner aux pécheurs, comme s'il avait été impossible à Dieu de nous pardonner autrement. Une telle allégation suggère que la mort de Christ avait comme objectif secondaire de favoriser les intérêts du Père. Cette idée est à la fois fausse et insensée pour les raisons suivantes :

1. Elle implique que Christ serait mort non pour nous libérer du péché, mais plutôt pour affranchir Dieu le Père de ce qui aurait pu l'empêcher d'agir librement (c'est-à-dire : pardonner aux

pécheurs). L'Écriture dit clairement que Christ est mort afin de *nous libérer du péché*.

2. Elle sous-entend qu'il soit possible que personne ne soit véritablement délivré du péché. Si Christ n'a obtenu que la seule liberté du Père de pardonner aux pécheurs, le Père peut alors décider ou non d'user de cette liberté! La mort de Christ pourrait par conséquent ne pas nous sauver. L'Écriture dit clairement que Christ est effectivement venu *sauver les perdus*.

Ensuite, nous pouvons démontrer sans aucun doute que la mort de Christ n'avait pas pour but de favoriser ses propres intérêts.

1. Puisque Christ est Dieu, il possède déjà toute gloire et tout pouvoir. En conséquence, à la fin de sa vie, il ne réclame nulle autre gloire que celle qu'il possédait au préalable (Jean 17.5). Il n'était pas nécessaire qu'il meure pour obtenir quelque nouveau privilège.

2. On avance parfois que par sa mort, Christ a gagné le droit d'être le juge suprême. Si le but de sa mort avait été d'obtenir le pouvoir de condamner certains individus, il est alors impossible qu'il soit mort pour les sauver! Ainsi, même si nous acceptions une telle suggestion, nous ne pourrions l'utiliser pour prouver que Christ est mort pour sauver tous les hommes.

Nous concluons donc que la mort de Christ avait pour but de *nous* apporter certains avantages. Elle n'avait pas pour but d'obtenir que le Père puisse nous sauver, s'il le voulait. Elle ne visait pas à procurer un quelconque avantage à Christ lui-même. Par conséquent, la mort de Christ avait pour but d'acquérir, pour tous ceux pour qui il est mort, toutes les bonnes choses promises conformément à l'accord conclu avec son Père. C'est donc seulement pour ceux qui reçoivent ces avantages qu'il est mort. Nous allons maintenant examiner ce que les Écritures affirment concernant toutes ces bonnes choses.

Deuxième partie
CHAPITRE 3

Quel était le dessein de la mort de Christ ?

Nous avons déjà considéré brièvement ce que les Écritures enseignent concernant la raison de la mort de Christ (première partie, chapitre un). Maintenant que nous avons exploré tout le sujet de façon générale, nous devons examiner plus en détail, les passages qui parlent de ce que la mort de Christ a accompli. Pour ce faire, je procéderai à l'étude de trois groupes de versets bibliques.

Premièrement, certains versets démontrent l'intention de Dieu exprimée par la mort de Christ. J'ai choisi huit versets que nous examinerons, quoique plusieurs autres aient pu être employés.

1. Luc 19.10 : « Car le Fils de l'homme est venu chercher et sauver ce qui était perdu. » Il est donc évident que Dieu avait réellement l'intention, par la mort de Christ, de sauver les pécheurs perdus.

2. Matthieu 1.21 : « ... tu lui donneras le nom de Jésus, car c'est lui qui sauvera son peuple de ses péchés. » Tout ce qui était nécessaire au salut des pécheurs devait être accompli par Jésus-Christ.

3. 1 Timothée 1.15 : « ... le Christ-Jésus est venu dans le monde pour sauver les pécheurs... » Cette affirmation ne nous permet

pas de supposer que Christ soit simplement venu rendre possible le salut; elle insiste sur le fait qu'il est véritablement venu sauver les pécheurs.

4. Hébreux 2.14, 15 : « ... afin d'écraser par sa mort celui qui détenait le pouvoir de la mort, c'est-à-dire le diable, et de délivrer tous ceux qui... étaient... retenus dans l'esclavage. » Peut-on l'énoncer plus clairement? Christ est venu pour réellement délivrer les pécheurs.

5. Éphésiens 5.25-27 : « ... et s'est livré lui-même pour elle, afin de la sanctifier... pour faire paraître devant lui cette Église glorieuse... » Je ne pense pas qu'il soit possible de le dire plus explicitement que le Saint-Esprit l'a fait dans ce passage; Christ est mort afin de purifier, sanctifier et glorifier l'Église.

6. Jean 17.19 : « ... je me sanctifie moi-même pour eux, afin qu'eux aussi soient sanctifiés... » N'entendons-nous pas très certainement la voix même de notre Sauveur déclarant le but de sa mort? Il est mort afin que quelques-uns (non pas tout le monde, puisqu'il n'a pas prié dans ce sens — verset 9) soient sanctifiés (ou rendus saints).

7. Galates 1.4 : « ... qui s'est donné lui-même pour nos péchés, afin de nous arracher au présent siècle mauvais... ». De nouveau, le but de la mort de Christ est clairement présenté : il consiste en réalité à nous délivrer.

8. 2 Corinthiens 5.21 : « Celui qui n'a pas connu le péché, il l'a fait (devenir) péché pour nous, afin que nous devenions en lui justice de Dieu. » Nous apprenons ainsi que Christ est venu afin que les pécheurs deviennent justes.

D'après tous ces versets, il est manifeste que la mort de Christ avait comme objectif de sauver, délivrer, sanctifier et rendre justes ceux pour qui il est mort. La question se pose alors : tous les hommes sont-ils de la sorte sauvés, délivrés, sanctifiés et rendus justes ? Jugez-en par vous-même, ou bien Christ est mort pour tous, ou seulement pour ceux qui sont en réalité sauvés et justifiés !

Deuxièmement, il y a d'autres versets qui parlent non seulement de l'intention de Christ, mais aussi de ce qu'il a véritablement accompli par sa mort. J'ai sélectionné six de ces passages :

1. Hébreux 9.12–14 : « ... avec son propre sang. C'est ainsi qu'il nous a obtenu une rédemption éternelle... et... purifiera-t-il notre conscience des œuvres mortes... » Voici deux résultats immédiats de la mort de Christ — la rédemption éternelle et la conscience purifiée. Celui qui possède ces privilèges est du nombre de ceux pour qui Christ est mort.

2. Hébreux 1.3 : « ... après avoir accompli la purification des péchés, il s'est assis à la droite de la majesté divine dans les lieux très-hauts. » Il y a donc une purification spirituelle offerte à ceux qui reçoivent les avantages de la mort de Christ.

3. 1 Pierre 2.24 : « ... lui qui a porté nos péchés... » Voici une déclaration concernant ce que Christ a accompli. Sur la croix, il a éloigné de nous nos péchés.

4. Colossiens 1.22 : « ... il vous a réconciliés... » La paix véritable existe donc maintenant entre Dieu le Père et ceux pour qui Christ est mort.

5. Apocalypse 5.9-10 : « ... tu as été immolé et tu as racheté pour Dieu, par ton sang, des hommes... de toute nation... et tu as fait d'eux un royaume et des sacrificateurs... » Il est évident que cette vérité ne s'applique pas à tous les hommes, mais elle décrit la réalité de ceux pour qui Christ est mort.

6. Jean 10.28 : « Je leur donne la vie éternelle... » Christ lui-même explique qu'il donne la vie à « ses brebis » (verset 27). La vie spirituelle dont jouissent les croyants leur est acquise par la mort de Christ.

À partir de ces six versets (et plusieurs autres pourraient encore être cités), nous pouvons affirmer ce qui suit. Si par sa mort, Christ nous a réellement procuré la rédemption, s'il nous a lavés et purifiés, s'il a éloigné de nous nos péchés en les portant sur la croix, s'il nous a acquis la réconciliation, la vie éternelle et l'appartenance à un royaume, c'est donc qu'il est mort uniquement pour ceux qui obtiennent ces choses. De toute évidence, il est faux de prétendre que tous les hommes possèdent ces choses! Le salut de tous les hommes ne pouvait donc pas constituer le but de la mort de Christ.

Troisièmement, un autre groupe de versets décrit ceux pour qui Christ est mort. Ils sont souvent désignés par le mot « beaucoup » — par exemple dans Ésaïe 53.11; Marc 10.45; Hébreux 2.10. Ailleurs, ce *beaucoup* est représenté par :

Les brebis de Christ	Jean 10.15
Les enfants de Dieu	Jean 11.52
Les enfants que Dieu lui a donnés	Jean 17.11; Hébreux 2.13
Ses élus	Romains 8.33
Son peuple qu'il a connu d'avance	Romains 11.2
Son Église	Actes 20.28
Ceux de qui il a porté les péchés	Hébreux 9 :28

Tous les hommes ne correspondent certes pas à de telles descriptions. Vous voyez donc que selon les Écritures, le dessein de la mort de Christ ne pouvait être celui de sauver tous les hommes.

Deuxième partie
CHAPITRE 4

La mort de Christ fait-elle du salut une possibilité ou une certitude?

Certains ont laissé entendre que la mort de Christ a procuré une rédemption qui suffit à sauver tous les hommes, dans la mesure où ils croient. Cet avantage, cependant, n'est accordé qu'à un nombre restreint d'individus, car seul ce nombre croit. Le salut acquis par Christ, disent-ils, est suffisant pour tous, mais en réalité, n'est efficace que pour quelques-uns.

Certes, payer le prix pour le rachat d'un esclave n'est pas la même chose que de le libérer vraiment. Acquérir le salut ne correspond pas exactement à l'accorder. Plusieurs éléments doivent cependant être compris :

1. Le fait que Christ a obtenu la rédemption et nous l'a ensuite donnée implique certes deux actes distincts; cependant, on ne peut affirmer qu'ils se rapportent à deux groupes différents de personnes. Dans sa mort, Christ n'a pas poursuivi un double objectif!

2. La volonté de Dieu, à savoir que Christ sauve les pécheurs, ne dépendait pas de la foi de ces derniers. La volonté de Dieu était absolue en ce que le salut devait être acquis et donné.

3. L'obtention du salut est rattachée à la condition de notre foi. Cependant, cette foi même nous est inconditionnellement donnée par Dieu, ce que je désire démontrer plus loin.

4. Ceux pour qui Christ a obtenu ces avantages par sa mort doivent nécessairement les recevoir :

a. Si Christ avait acquis ces avantages sans pouvoir les accorder, sa mort ne pourrait sauver personne !
b. Dieu a-t-il désigné un Sauveur sans décider au préalable qui devait être sauvé ? Pouvait-il choisir le moyen approprié sans connaître le résultat précis escompté ? Une telle pensée serait contraire à l'enseignement des Écritures !
c. Ce qui est acquis pour moi m'appartient de droit, et si une chose m'appartient de droit, elle doit par conséquent m'appartenir dans les faits. Il s'ensuit donc que le salut que Christ a obtenu appartient à ceux en faveur de qui il l'a obtenu. Si l'on disait : « Bien sûr, mais il leur appartient *à condition qu'ils croient* », je répondrais de nouveau : « Mais la foi également est un don de Dieu. »
d. Les Écritures associent toujours ceux pour qui Christ a obtenu la rédemption et ceux qu'il considère comme réellement rachetés.
   i. Ésaïe 53.5 : Christ guérit ceux pour qui il a subi des meurtrissures.
   ii. Ésaïe 53.11 : Christ justifie ceux de qui il a porté les péchés.
   iii. Romains 4.25 : Christ justifie ceux pour qui il a été livré.
   iv. Romains 8.32–34 : Dieu donne tout à ceux pour qui Christ est mort.

Ceux pour qui Christ est mort ne peuvent plus être condamnés. Christ prie maintenant pour ceux pour qui il est mort.

Tous ces arguments établissent avec certitude le fait que tous ceux pour qui Christ a obtenu la rédemption la reçoivent vraiment. Le salut n'a pas été rendu possible pour tous les hommes par la mort de Christ ; le salut est réel pour tous ceux *à qui il était destiné.*

Considérons maintenant quatre énoncés portant sur cette vérité. Je parlerai plus longuement de tous ces éléments plus loin dans ce livre.

1. Dieu a envoyé Christ mourir à cause de son amour éternel pour les élus.
2. La valeur de la mort de Christ est incommensurable, satisfaisant tous les desseins visés par son accomplissement.
3. L'intention du Père consistait à amener à la gloire beaucoup de fils de toutes les nations, à savoir ses élus avec qui il est entré dans une nouvelle alliance.
4. Tout ce que la mort de Christ a acquis à ces individus leur appartiendra pleinement au moment convenu. Ayant obtenu ces choses pour les siens, Christ peut à juste titre réclamer qu'elles s'accomplissent.

NOTES SUPPLÉMENTAIRES

Quand nous maintenons que la mort Christ rend le salut possible pour tous, mais n'est efficace que pour ceux qui croient, nous disons en réalité que :

1. Dieu devrait sauver tous les hommes. Cette notion, nous refusons de l'admettre. Dieu n'a d'autre obligation que celle d'agir comme il le choisit en toute liberté.
2. Dieu ne peut accomplir ce qu'il veut que dans la mesure où les hommes se conforment à certaines conditions. Nous excluons cette hypothèse, car elle déprécie la gloire de Dieu.
3. L'amour de Dieu est manifesté plus adéquatement s'il aime tous les hommes également, plutôt que quelques individus. Nous rejetons cette idée et en exposerons les raisons plus en détail aux chapitres deux et quatre de la partie quatre.

4. Dieu a envoyé son Fils mourir parce qu'il a aimé tous les hommes également. Nous nions cette pensée, car elle n'est pas biblique. Plusieurs passages décrivent ceux qui manifestement ne sont pas l'objet de l'amour qui a motivé Christ à mourir. Par exemple : Proverbes 16.4; Actes 1.5; Romains 9.11–13; 1 Thessaloniciens 5.9; 2 Pierre 2.12; Jude 4.

5. La foi, qui représente la condition nécessaire au salut, ne nous a pas été acquise par la mort de Christ. Les Écritures enseignent que cette foi constitue *assurément* l'un des avantages que Christ a obtenus pour nous.

6. Christ dans sa mort a servi de substitut à l'humanité entière. Nous rejetons cette théorie. Car si Christ s'avère le substitut de tous les hommes, alors tous les hommes sont sauvés.

7. Le Père, dans sa prescience, connaissait déjà ceux qui ne seraient pas sauvés parmi les hommes pour qui Christ allait mourir. Je ne vois pas ce que nous gagnons par un tel raisonnement!

Deuxième partie
CHAPITRE 5

Raisons pour lesquelles sont nécessairement sauvés tous ceux pour qui Christ est mort

Je consacrerai encore un chapitre à démontrer l'erreur de cette ferme opinion, disant que la mort de Christ était suffisante pour le salut de tous, mais que seuls certains sont réellement sauvés. Obtenir et accorder le salut constituent deux actes distincts, mais il est impossible de les dissocier.

J'avance que si une chose est réellement obtenue pour une personne, il ne peut subsister aucun doute à savoir si cette chose lui appartient vraiment. Elle ne dira pas : « elle sera peut-être à moi ». Donc, ce que Christ a acquis par sa mort doit inévitablement appartenir à ceux pour qui il l'a acquis.

Il serait contraire à la raison de prétendre que le dessein de Dieu ait été que Christ meure pour une personne — sans toutefois que cette dernière puisse jouir de ces avantages.

Le fait qu'une rançon soit payée pour affranchir des esclaves, sans pour autant assurer la liberté à ces derniers serait aberrant! Et nous savons que la mort de Christ constituait une rançon (Matthieu 20.28).

Certains ont argué que même s'il est vrai qu'un avantage obtenu pour quelqu'un lui revient de droit, il doit cependant se l'approprier *selon certaines conditions*. Ils disent aussi que la condition pour jouir des privilèges acquis pour nous par Christ consiste à ne pas résister à l'offre de rédemption, ou à accepter l'invitation de l'évangile, ou simplement à avoir la foi. Les quelques remarques suivantes serviront à réfuter cet argument :

1. Si Dieu, en toute sincérité, a formé le dessein de racheter quiconque, et si Christ est mort pour sauver tous les hommes selon certaines conditions, tous donc sans exception doivent être en mesure de respecter ces dernières. L'intention de sauver ne peut être sincère s'il subsiste des individus qui ne sont pas éclairés concernant de telles conditions à remplir. Que dire de ceux qui n'ont jamais entendu cette nouvelle?

2. Il est soit possible, soit impossible, de satisfaire les conditions requises pour obtenir les privilèges reliés à la mort de Christ. S'il est en notre pouvoir de les remplir, c'est donc que tous les hommes ont la capacité de croire, ce qui est faux. S'il est impossible de s'y conformer, le Seigneur doit donc attribuer, ou non, cette capacité. S'il l'accorde, pourquoi tous ne sont-ils pas sauvés? S'il ne la donne pas, comment peut-il sincèrement

exiger de nous ce que lui seul est en mesure de faire? Cette façon d'agir correspondrait à celle d'un homme qui promet une somme de 1 000 livres à un aveugle, à condition qu'il puisse la voir.

3. La foi — la condition qui nous permet de jouir du salut — nous est acquise par la mort de Christ, ou ne l'est pas. Si elle s'obtient par sa mort, tous les hommes la possèdent donc, car disent-ils, Christ est mort pour tous. Si elle n'est pas acquise par Christ, c'est donc que l'élément primordial dans le processus de notre salut ne dépend pas du tout de Christ! Une telle allégation déprécie la gloire de Christ. De plus, elle est contraire à l'enseignement de la Bible qui déclare que la foi est le don de Dieu (Philippiens 1.29; Éphésiens 2.8).

4. Affirmer que Christ est mort pour tous les hommes, mais que seuls ceux qui respectent les conditions peuvent être rachetés, revient à faire de Christ un demi-médiateur. Il a obtenu le salut pour tous, disent-ils. Cependant, en quoi consiste un tel avantage s'il n'a pas lui-même rempli les conditions, dis-je à mon tour!

Permettez-moi de résumer ce concept. Il est impossible de dissocier ce que Christ a acquis et ceux pour qui ces choses ont été obtenues. Christ est mort, non pour que les hommes reçoivent le salut s'ils parviennent à croire, mais il est mort pour tous les élus de Dieu, afin qu'ils croient. Les Écritures n'affirment nulle part que Christ est mort pour nous à condition que nous croyions. Il serait même insensé de prétendre une telle chose. Cela impliquerait que la foi constitue l'élément validant ce qui autrement est faux — notre geste servirait à entériner en quelque sorte sa mort pour nous! Or Christ est mort pour nous afin de nous permettre de croire.

Ayant examiné notre sujet de manière approfondie, dans les

première et deuxième parties de ce livre, nous sommes maintenant en mesure de poursuivre en considérant certaines preuves démontrant la véracité de la thèse que je soutiens. Ce faisant, je vous demande de vous rappeler les points fondamentaux que nous avons établis jusqu'à présent.

Troisième partie

Seize arguments démontrant que Christ n'est pas mort pour un salut universel

Chapitre

1	Deux arguments fondés sur la nature même de la nouvelle alliance	49
2	Trois arguments fondés sur les descriptions du salut trouvées dans la Bible	51
3	Deux arguments fondés sur la nature de l'œuvre de Christ	55
4	Trois arguments fondés sur la nature de la sainteté et de la foi	56
5	Un argument fondé sur le sens du mot « rédemption »	60
6	Un argument fondé sur le sens du mot « réconciliation »	61
7	Un argument fondé sur le sens du mot « satisfaction »	62
8	Deux arguments fondés sur la valeur de la mort de Christ	63
9	Un argument global à partir de versets précis des Écritures	65

Troisième partie
CHAPITRE 1

Deux arguments fondés sur la nature même de la nouvelle alliance

Argument 1

Le Seigneur Jésus-Christ, dans Matthieu 26.28, parle du « sang du nouveau testament[1] ». Ce nouveau « testament », ou « alliance », constitue le nouvel accord, ou contrat, que Dieu a conclu dans le but de sauver les hommes. Le sang de Christ versé à sa mort est le prix de cet accord, et n'est valide que pour ceux qui sont concernés par ce même accord.

Ce nouvel accord diffère de l'ancien que Dieu avait conclu avec les hommes. Selon l'ancien accord (ou ancienne alliance), Dieu promettait de sauver tous ceux qui gardaient ses commandements : « L'homme qui la mettra en pratique vivra par elle » (Romains 10.5; Lévitique 18.5). Cependant, parce que les hommes sont pécheurs, ils ne peuvent garder les lois de Dieu. L'ancien accord est donc rendu inutile.

Dans le nouvel accord, Dieu promet de mettre ses lois dans notre intelligence et de les inscrire dans nos cœurs (Hébreux 8.10). Il est donc évident que cet accord ne concerne que ceux dont l'intelligence et le cœur ont été touchés par Dieu. Puisque Dieu n'agit pas ainsi envers tous les hommes, il est manifeste que tous les hommes ne peuvent être inclus dans l'accord entériné par la mort de Christ.

---

[1] Note de l'éditeur : Les versions Darby, Ostervald et Segond 21 précisent qu'il s'agit de la *nouvelle* alliance. La traduction de la Bible de David Martin rend plutôt « le sang... du nouveau testament », correspondant exactement au sens décrit dans l'original anglais.

Certains ont laissé entendre que Dieu écrirait sa loi dans notre intelligence pourvu que nous croyions. Mais la foi correspond précisément à avoir la loi de Dieu écrite dans nos cœurs! Tenir un tel discours revient à dire : « Si sa loi est dans nos cœurs (c'est-à-dire, comme elle l'est en chaque croyant), Dieu promet qu'il écrira sa loi dans nos cœurs » — cette affirmation est absurde!

La nature même de la nouvelle alliance nous incite clairement à admettre que Christ n'est pas mort pour tous les hommes.

Argument 2

L'évangile — c'est-à-dire, la nouvelle concernant la nouvelle alliance — réside dans le monde depuis la venue de Christ. Pourtant, des nations entières ont vécu sans la connaître. Si l'intention avait été de sauver tous les hommes par la mort de Christ, à condition qu'ils croient, il aurait fallu forcément que l'évangile soit présenté à tous les hommes.

Si Dieu n'a pas permis que tous les hommes entendent l'évangile, nous pouvons en déduire ou bien qu'il est possible aux hommes d'être sauvés sans la foi et la connaissance de l'évangile, ou alors que le dessein de sauver tous les hommes a échoué, puisque tous les hommes n'en ont pas entendu parler. La première notion est fausse, car la foi fait partie du salut (voir deuxième partie, chapitre 5). La deuxième ne peut être vraie non plus; une telle pensée ne concorde pas avec la nature de la sagesse de Dieu. Dieu aurait-il envoyé Christ mourir pour tous les hommes, sans s'être assuré que tous entendent cette bonne nouvelle? Un tel comportement démontre-t-il la bonté de Dieu?

On peut comparer ce dernier argument à un médecin qui prétendrait avoir le remède pour guérir toutes les maladies du monde, tout en le dissimulant délibérément à certaines personnes. Pourrait-on soutenir, dans un tel cas, que ce médecin est sincère dans son intention de guérir tout le monde?

Plusieurs passages des Écritures dépeignent de manière évidente que des millions d'individus n'entendent jamais parler de Christ. Nous n'avons d'autre raison à invoquer que celle donnée par Jésus lui-même : « Oui Père, je te loue de ce que tel a été ton bienveillant dessein » (Matthieu 11.26). D'autres versets tels que Psaume 147.19-20; Actes 14.16; Actes 16.6-7, confirment ce que nous voyons dans le monde, à savoir que le Seigneur ne cherche pas à s'assurer que tous entendent l'évangile. Il nous faut donc en conclure que ce n'est pas la volonté de Dieu de sauver tous les hommes.

Troisième partie
CHAPITRE DEUX

Trois arguments fondés sur les descriptions du salut trouvés dans la Bible

Argument 3

Les Écritures décrivent ce que Jésus-Christ a obtenu par sa mort comme étant la « rédemption éternelle ». (Elle comporte la délivrance du péché, de la mort et de l'enfer à tout jamais.) Si cette bénédiction a été acquise pour tous les hommes, soit que tous les hommes possèdent *automatiquement* cette rédemption éternelle, soit qu'elle devienne accessible à tous *dans la mesure où ils respectent certaines conditions.*

Nous le savons par expérience, il est évidemment faux de prétendre que tous les hommes *possèdent* la rédemption éternelle.

Est-ce donc parce qu'elle est disponible *à certaines conditions*?

Je vous pose la question, Christ a-t-il satisfait ces conditions à notre place, ou nous reste-t-il encore certaines clauses additionnelles à respecter pour jouir des avantages reliés à l'accomplissement de Christ? La première idée — à savoir que Christ s'est conformé à toutes les exigences requises en vue de l'obtention de la rédemption éternelle — revient à dire que tous les hommes possèdent cette rédemption. Cependant, comme nous l'avons déjà observé, une telle affirmation ne correspond pas à notre expérience concernant les êtres humains! À vrai dire, si Christ ne s'acquitte pas des conditions permettant à tous les hommes d'accéder au salut, du moins son œuvre doit-elle être utile à ceux qui remplissent des conditions supplémentaires. Voilà que nous tournons en rond : faisant que les conditions remplies sont encore soumises à d'autres conditions à remplir! Ces raisonnements montrent à quel point il est insensé de croire que Christ est mort afin d'obtenir le salut éternel pour tous les hommes.

Si l'on persiste à dire que la rédemption éternelle est accessible selon certaines conditions, cette nouvelle ne devrait-elle pas être connue de *tous* les hommes? Cependant, beaucoup d'hommes sont privés de cette connaissance, comme nous l'avons vu au chapitre un de la troisième partie.

De plus, s'il s'agit de remplir certaines conditions, les hommes doivent posséder ou non le pouvoir nécessaire pour passer aux actes. Si les hommes sont aptes par eux-mêmes à répondre à ces conditions, il faut en conclure que tous ont donc la capacité de croire à l'évangile. Une telle pensée va à l'encontre des Écritures, qui décrivent les hommes comme étant morts dans leurs péchés et de ce fait incapables de se soumettre à quelque condition.

Si l'on s'accorde pour dire que les hommes ne sont pas en mesure de satisfaire les conditions requises pour obtenir la rédemption éternelle, il faut maintenant déterminer si Dieu compte leur accorder ou non cette capacité. S'il y consent *réellement*, pourquoi n'agit-il pas ainsi? Tous les hommes pourraient alors être sauvés.

Cependant, si Dieu n'a pas l'intention d'accorder la capacité de croire à tous les hommes, mais que Christ soit tout de même mort pour procurer à tous les hommes la rédemption éternelle, Dieu n'exige-t-il pas des hommes qu'ils exercent un pouvoir qu'il refuse de leur donner? Ce raisonnement n'est-il pas de la folie? Précisément comme si Dieu promettait à un mort de lui accorder la puissance de revenir à la vie, sans avoir pour autant l'intention de tenir cette promesse!

Argument 4

La Bible décrit avec soin ceux pour qui Christ est mort. Elle nous dit que la race humaine est partagée en deux groupes, et que Christ est mort uniquement pour l'un d'eux.

Voici les passages qui mentionnent ces deux groupes :

Matthieu 25.12,32

Jean 10.14,26

Jean 17.9

Romains 9.11–23

1 Thessaloniciens 5.9

Nous apprenons par ces versets qui sont ceux que Dieu aime et ceux qu'il hait; Dieu en connaît certains et d'autres non.

D'autres passages spécifient que Christ est mort pour un seul de ces deux groupes. Ainsi, nous voyons qu'il est mort pour :

son peuple Matthieu 1.21
ses brebis Jean 10.11,14
son Église Actes 20.28
ses élus Romains 8.32–34
ses enfants Hébreux 2.13

Il nous faut sûrement conclure, à la lumière de ces passages, que Christ n'est pas mort pour ceux qui ne font partie ni de son peuple, ni de ses brebis, ni de son Église. Il est donc impossible qu'il soit mort pour tous les hommes.

Argument 5

Nous ne devons pas définir le salut d'une manière qui diffère de la description biblique. En outre, la Bible ne fait nulle part allusion à l'idée que Christ est mort « pour tous les hommes », ou pour chaque homme sans exception. Elle déclare cependant que Christ a donné sa vie comme « rançon pour tous »; néanmoins, il est impossible de démontrer qu'il s'agit d'un groupe distinct de « toutes ses brebis » ou « tous ses élus ». Si vous étudiez de près n'importe quel verset incluant le mot « tous », et en examinez le contexte, vous vous laisserez rapidement persuader que nulle part la Bible ne suppose que Christ soit mort pour chaque homme sans exception.

(Aux chapitres trois et quatre de la quatrième partie, nous considérerons plus en détail plusieurs versets bibliques comportant les mots « monde » et « tous » en relation avec la mort de Christ.)

Troisième partie
CHAPITRE 3

Deux arguments fondés sur la nature de l'œuvre de Christ

Argument 6

Plusieurs versets bibliques présentent le Seigneur Jésus-Christ comme celui qui se porte garant d'autres individus par sa mort, par exemple :

Il est mort *pour nous*	Romains 5.8
Il est devenu malédiction *pour nous*	Galates 3.13
Il l'a fait devenir péché *pour nous*	2 Corinthiens 5.21

De telles expressions démontrent clairement que Christ agissait en tant que substitut pour d'autres.

S'il est mort à la place d'autres individus, il est normal que ceux qu'il a remplacés se trouvent à l'abri de la colère et du jugement de Dieu. (Dieu ne peut être juste et punir à la fois Christ *et* ceux à qui il s'est substitué!) Il est cependant évident que tous les hommes ne sont pas libérés de la colère de Dieu (voir Jean 3.36). Par conséquent, Christ n'est pas intervenu comme substitut de tous les hommes.

Si l'on persiste encore à croire que Christ est mort à la place de tous les hommes, il nous faut conclure que sa mort n'a pas été un sacrifice suffisant, puisque tous les hommes ne sont pas sauvés du péché et du jugement!

Certes, si Christ est mort à la place de tous les hommes, il s'est soit offert en sacrifice pour tous leurs péchés (dans ce cas, tous les hommes sont sauvés), soit en sacrifice pour une partie de leurs péchés (ce qui équivaut à dire que personne n'est sauvé, car une partie des péchés des hommes subsistent encore en eux). Aucune de ces deux affirmations ne peut être vraie, comme nous l'avons déjà vu dans ce livre (première partie, chapitre trois). De toute évidence, nous ne pouvons en aucun cas prétendre que Christ est mort pour tous les hommes.

Argument 7

Les Écritures affirment que l'œuvre de Christ est celle d'un médiateur et d'un prêtre : « Il est médiateur d'une nouvelle alliance » (Hébreux 9.1). Il agit en tant que médiateur en étant le prêtre représentant ceux qu'il amène à Dieu. Le fait que Jésus-Christ n'est pas le prêtre de tous est manifeste, selon l'expérience et l'Écriture; nous avons déjà abordé ce sujet au chapitre deux de la deuxième partie).

Troisième partie
CHAPITRE 4

Trois arguments fondés sur la nature de la sainteté et de la foi

Argument 8

Si la mort de Christ est le moyen par lequel ceux pour qui il est mort sont lavés de leur péché et rendus saints, il s'ensuit qu'il est mort uniquement pour ceux chez qui cet état est réalité. Il est évident que tous les hommes ne sont pas rendus saints. Christ n'est donc pas mort pour tous les hommes.

Peut-être devrais-je démontrer que la mort de Christ constitue vraiment l'instrument servant à laver et à sanctifier. Je peux le démontrer de deux façons :

Premièrement, le modèle d'adoration de l'Ancien Testament est tel qu'il nous enseigne certaines vérités concernant la mort de Christ. Le sang des sacrifices de l'Ancien Testament permettait à ceux pour qui on les offrait de s'approcher de Dieu pour l'adorer. Combien plus le sang de Christ purifie-t-il du péché ceux pour qui il est mort? (Hébreux 9.13,14).

Deuxièmement, certains versets des Écritures attestent clairement que la mort de Christ accomplit parfaitement le mandat qui lui était destiné. Il consiste à rendre impuissant le corps du péché, afin que nous ne soyons plus esclaves du péché (Romains 6.6). Par le sang de Christ, nous avons également la rédemption (Colossiens 1.14). Il s'est donné afin de nous racheter et de nous purifier (Tite 2.14). Ces versets et beaucoup d'autres soulignent que la sainteté est le résultat indéniable manifesté dans la vie de tous ceux pour qui Christ a donné sa vie. Puisque tous les hommes ne sont pas saints, Christ n'est pas mort pour tous les hommes.

Certains suggèrent — en vain! — que la mort de Christ ne constitue pas la seule cause de cet état de sainteté. Ils soutiennent que cette sainteté devient réalité seulement lorsque le Saint-Esprit la produit, ou quand on se l'approprie par la foi. Cependant, l'œuvre du Saint-Esprit et le don de la foi s'avèrent être le résultat ou le fruit de la mort de Christ! Cette allégation n'altère donc en rien le fait que la véritable sainteté est la conséquence tangible expérimentée uniquement par ceux pour qui Christ est mort. Le fait que le juge accorde une permission ou que le geôlier déverrouille la porte de la prison ne détermine pas la libération du débiteur; il est libéré parce qu'un autre a payé la dette à sa place.

Argument 9

La foi est essentielle au salut. Cette vérité est évidente dans les Écritures (Hébreux 11.6) et la plupart des individus acceptent ce fait. Mais comme nous l'avons déjà vu, tout ce qui est nécessaire au salut nous a été acquis par Christ.

Ainsi, si cette foi essentielle est obtenue pour tous les hommes par Christ, elle est donc nôtre, que certaines conditions soient exigées ou non. Si c'est sans condition que nous l'obtenons, alors tous les hommes la possèdent. Mais l'expérience, de même que les Écritures, prouvent le contraire (2 Thessaloniciens 3.2). Si la foi s'obtient selon une condition, je vous demande, par conséquent, quelle est cette condition.

Certains disent que la foi nous est donnée à condition que nous ne résistions pas à la grâce de Dieu. Cependant, ne pas résister signifie en réalité obéir. Obéir consiste en fait à croire. Ce que ces confrères avancent concrètement est que « la foi est donnée à ceux qui croient » (c'est-à-dire à ceux qui ont la foi!). Cette idée est manifestement absurde.

D'autre part, quelques-uns déclarent que la foi ne nous est pas acquise par la mort de Christ. Serait-elle alors le produit de notre propre volonté? Ce raisonnement est certes contraire à ce que beaucoup de versets bibliques enseignent, et ne tient pas compte du fait que les non-croyants sont morts dans leur péché et incapables de juger des choses spirituelles (1 Corinthiens 2.14). Je reviens donc à la position qui maintient que la foi s'obtient par Christ.

La foi est un principe fondamental de la sainteté. J'ai démontré, au cours de l'Argument 8, que la sainteté découle de la mort de Christ. Il s'ensuit que Christ nous a aussi obtenu la foi. Nier cette affirmation équivaut à prétendre que Christ ne nous a obtenu qu'une sainteté partielle, dépourvue de l'élément de la foi. Personne ne peut sérieusement suggérer une telle chose.

En outre, Dieu s'est choisi un peuple, nous dit la Bible, afin qu'il soit saint : Dieu « nous a élus… pour que nous soyons saints » (Éphésiens 1.4). Voilà à nouveau que la foi est partie intégrante de la sainteté. Quand Dieu a choisi la sainteté pour son peuple, il a nécessairement choisi que son peuple possède la foi.

L'accord entre Dieu le Père et Dieu le Fils consistait à procurer aux siens, par la mort de Christ, toutes les bénédictions prévues. La foi compte parmi les bénédictions que le Père donne (Hébreux 8.10,11).

Les Écritures enseignent précisément que la foi nous vient par Jésus-Christ, qui est « l'auteur de la foi et qui la mène à la perfection » (Hébreux 12.2). Les déclarations de ce genre et celles contenues dans les trois paragraphes précédents confirment que c'est par sa mort que Christ obtient la foi pour son peuple. Puisque tous les hommes ne la possèdent pas, il est impossible que Christ soit mort pour tous les hommes.

Argument 10

À plusieurs égards, le peuple d'Israël constituait une forme d'illustration de l'Église de Dieu dans le Nouveau Testament (1 Corinthiens 10.11). Les prêtres et le principe des sacrifices offraient l'image de ce que Jésus-Christ allait accomplir pour l'Église de Dieu. Leur ville, Jérusalem, est une représentation de la cité céleste, la destination des croyants (Hébreux 12.22). Un véritable Israélite est un croyant (Jean 1.47) et un véritable croyant est un Israélite (Galates 3.29). Je propose donc l'argument suivant :

Si Dieu a choisi la nation juive parmi toutes les nations afin d'illustrer sa relation avec l'Église, il est logique d'affirmer que la mort de Christ devait profiter à l'Église seule, et non au monde entier. L'intervention de Dieu auprès de son peuple choisi dans l'Ancien Testament illustre bien comment le salut que Christ nous a acquis n'est pas destiné à tous les hommes, mais uniquement au peuple qu'il s'est choisi.

Troisième partie
CHAPITRE 5

Un argument fondé sur le sens du mot « rédemption »

Argument 11

La façon dont la Bible présente une doctrine doit nous aider à comprendre cette doctrine. La Bible utilise le terme « rédemption » en rapport avec le salut que Christ nous a obtenu, par exemple : « en qui nous avons la rédemption » (Colossiens 1.14). Ce mot signifie « affranchir une personne en payant le prix pour elle ». Cette personne ne jouit pas de la rédemption à moins d'être *libérée*. Le mot lui-même nous enseigne que Christ n'a obtenu la rédemption que pour ceux qu'il a libérés. Une (soi-disant!) rédemption universelle qui tiendrait encore des individus captifs s'avère une contradiction dans les termes.

Le sang de Christ est présenté comme une somme à acquitter, et une rançon, dans certains versets bibliques (par exemple, Matthieu 20.28). Or, le but d'une rançon est d'obtenir la délivrance de ceux pour qui l'on verse une somme. Il est impensable qu'une rançon soit payée pour une personne qui demeurerait prisonnière. Par conséquent, comment peut-on soutenir que Christ est mort pour tous les hommes, puisque tous les hommes ne sont pas sauvés? Seuls ceux qui sont réellement libérés du péché sont ceux pour qui Christ est mort. La « rédemption » ne peut donc être « universelle », pas plus que « romain » ne signifie « catholique »! La rédemption est particulière, puisque seuls certains sont rachetés.

Troisième partie
CHAPITRE 6

Un argument fondé sur le sens du mot « réconciliation »

Argument 12

La Bible emploie un autre terme pour décrire l'œuvre de Christ dans sa mort : le mot « réconciliation »; « ennemis... réconciliés... » (Colossiens 1.21). La réconciliation consiste en la restauration de l'amitié entre deux parties auparavant ennemies. Le salut que la Bible nous présente a pour nature la réconciliation de Dieu avec nous, et notre réconciliation avec lui. Ces deux aspects doivent être vrais. Il s'agit de deux actes *distincts*, mais indissociables pour que la réconciliation soit complète. Il est insensé de prétendre que Dieu, par la mort de Christ, est maintenant réconcilié avec tous les hommes, mais que seulement certains hommes le sont avec lui. J'ose croire que personne ne pense réellement que tous les hommes sont réconciliés de cette manière. Il s'agirait d'une réconciliation vraiment boiteuse! La véritable réconciliation n'a lieu que si les deux parties sont réconciliées l'une avec l'autre.

L'effet de la mort de Christ était de réconcilier à la fois Dieu avec les hommes *et* les hommes avec Dieu : « nous avons été réconciliés avec Dieu par la mort de son fils » (Romains 5.10) et « notre Seigneur Jésus-Christ par qui maintenant nous avons obtenu la réconciliation » (Romains 5.11). Les deux points de vue de la réconciliation sont aussi mentionnés dans 2 Corinthiens 5.19-20 : « Dieu... réconciliant le monde avec lui » et « soyez réconciliés avec Dieu ».

Comment est-il possible de « concilier » cette réconciliation en deux actes avec la notion que Christ est mort pour tous les hommes, je l'ignore! Car si tous les hommes bénéficient de cette double réconciliation par la mort de Christ, pourquoi la colère de Dieu demeure-t-elle encore sur certains? (Jean 3.36). À vrai dire, Christ ne peut être mort que pour ceux qui sont vraiment réconciliés.

Troisième partie
CHAPITRE 7

Un argument fondé sur le sens du mot « satisfaction »

Argument 13

Le sens du terme « satisfaction », associé à la mort de Christ, signifie « le paiement total versé par un débiteur à un créancier ». Ce concept est souvent abordé dans le Nouveau Testament quand il y est question de la mort de Christ.

Dans le cas qui nous concerne, les hommes sont les débiteurs de Dieu, car ils ne gardent pas ses commandements. Ce qui est requis pour satisfaire une telle dette, ou péché, c'est la mort : « car le salaire du péché, c'est la mort » (Romains 6.23). Les lois de Dieu nous accusent; elles expriment la justice et la vérité de Dieu. Nous nous tenons devant Dieu, en transgresseurs reconnus coupables et méritant la mort. Le salut est possible seulement si Christ consent à payer notre dette pour satisfaire la justice de Dieu. Sa mort est appelée une « offrande » (Éphésiens 5.2) et une « propitiation » (1 Jean 2 :2, *Segond, nouvelle édition*). Le mot *offrande* signifie un sacrifice d'expiation, ou un sacrifice ayant pour objet de réparer la transgression commise. La *propitiation* constitue une offrande ayant pour but de satisfaire la justice transgressée. Nous pouvons donc utiliser à juste titre le mot « satisfaction » pour couvrir l'étendue de l'enseignement biblique en ce qui a trait au sens de la mort de Christ.

Si donc Christ a, par sa mort, obtenu satisfaction pour certains, il s'ensuit que Dieu est entièrement satisfait concernant ces personnes. Dieu ne peut en toute justice réclamer quelque autre paiement. Est-il possible par conséquent que Christ soit mort pour tous les hommes, mais que beaucoup d'entre eux vivent et meurent comme des pécheurs condamnés sous la loi de Dieu? Que ceux qui sont en mesure de réconcilier ces choses le fassent! Je déclare que seuls les individus qui sont acquittés dans cette vie sont ceux pour qui Christ a obtenu satisfaction.

Troisième partie
CHAPITRE 8

Deux arguments fondés sur la valeur de la mort de Christ

Argument 14

Le Nouveau Testament fait souvent mention du prix ou de la valeur de la mort de Christ, par laquelle il a pu acquérir et entrer en possession de certains avantages. Par exemple, il a obtenu la rédemption éternelle « avec son propre sang » (Hébreux 9.12); l'Église de Dieu est décrite comme celle « qu'il s'est acquise par son propre sang » (Actes 20.28); et les chrétiens sont appelés « un peuple racheté » (1 Pierre 2.9).

Par sa mort, Christ s'est donc porté acquéreur, pour tous ceux pour qui il est mort, de tout ce que la Bible présente comme constituant les répercussions de cette mort. Sa mort nous a valu la délivrance de la puissance du péché et de la colère de Dieu, de la mort et du pouvoir du diable, de la malédiction de la loi et de la culpabilité reliée au péché. Sa mort nous a valu la réconciliation avec Dieu, la paix, et la rédemption éternelle. Ces choses nous sont maintenant offertes gratuitement de la part de Dieu, parce que Christ les a acquises. Si Christ est mort pour tous les hommes, pourquoi tous les hommes ne possèdent-ils pas ces avantages? La valeur de sa mort n'est-elle pas suffisante? Dieu est-il injuste en ne nous donnant pas ce que Christ nous a procuré? Il devrait être nettement évident que Christ n'est pas mort pour accorder ces privilèges à tous les hommes, mais seulement pour les offrir à ceux qui en jouissent réellement.

Argument 15

La mort de Christ est souvent désignée par des expressions telles que : il est mort *pour* nous, il a porté *nos* péchés, il constitue notre *gage*. Ces affirmations signifient simplement que Christ, par sa mort, s'est substitué à d'autres, afin qu'ils soient libérés.

Si, dans sa mort, Christ a agi en tant que substitut pour d'autres, comment peuvent-ils encore mourir en portant eux-mêmes leurs péchés? Christ n'a donc pu être leur substitut. Nous concluons qu'il n'est pas mort pour tous les hommes.

À vrai dire, prétendre que Christ est mort pour tous les hommes est la meilleure façon de prouver qu'il n'est mort pour aucun homme. Car s'il s'est substitué à tous, mais que tous ne sont pas sauvés, il a donc échoué dans son intention.

Troisième partie
CHAPITRE 9

Un argument global à partir de versets précis des Écritures

Argument 16

Je pourrais utiliser un grand nombre de passages bibliques pour prouver que Christ n'est pas mort pour les péchés de tous les hommes. J'en sélectionnerai seulement neuf qui serviront à conclure l'argumentation pour cette section.

1. Genèse 3.15 : Il s'agit du premier verset dans la Bible où Dieu indique qu'il existe une différence entre le peuple de Dieu et ses ennemis. L'expression « sa descendance », en parlant de la femme, réfère à Jésus-Christ ainsi qu'à tous les croyants en Christ. (Cet énoncé est manifeste quand on considère que la prophétie annoncée concernant la descendance s'accomplit en Christ et en son peuple.) L'expression « sa descendance », quand il est question du serpent, renvoie à tous les incroyants du monde (comparer avec Jean 8.44). Puisque Dieu a promis qu'il n'y aurait qu'inimitié entre les deux descendances, il est évident que la descendance de la femme n'est pas morte pour la descendance du serpent !

2. Matthieu 7.23 : Christ déclare ici qu'il existe des personnes qu'il n'a jamais connues. Cependant, il dit ailleurs (Jean 10.14-17) qu'il connaît tous les siens. Il doit certainement connaître tous ceux pour qui il est mort ! S'il y en a d'autres qu'il ne connaît pas, c'est qu'il n'est pas mort pour eux.

3. Matthieu 11.25-27 : D'après ces paroles, il existe manifestement des individus aux yeux desquels le Père garde l'évangile voilé. Si la volonté de Dieu consiste à ne pas révéler l'évangile à ces derniers, c'est assurément que Christ n'est pas mort pour eux. Il nous faut remarquer ici que Christ rend grâce au Père d'avoir créé cette distinction entre les hommes — une distinction que certains hommes refusent encore de reconnaître !

4. Jean 10.11, 15-16, 27-28 : De toute évidence, selon ces versets :
    i. Tous ne font pas partie des brebis de Christ.
    ii. La distinction entre les hommes sera un jour manifeste.
    iii. Les brebis de Christ sont celles qui « entendent » sa « voix »; les autres ne l'entendent pas.
    iv. Celles qui ne sont pas encore identifiées comme étant ses brebis sont déjà choisies et seront un jour connues (« d'autres brebis »).
    v. Christ est mort, non pas pour tous, mais précisément pour ses brebis.
    vi. Ceux pour qui Christ est mort sont ceux que le Père lui a donnés. Il n'est donc pas mort pour ceux que le Père ne lui a pas donnés.

5. Romains 8.32–34 : Dans ces versets, il apparaît que la mort de Christ profite aux élus de Dieu, et que son intercession concerne seulement ce même peuple.

6. Éphésiens 1.7 : D'après ce verset, nous devons conclure que si le sang de Christ a été répandu pour tous, tous donc doivent bénéficier de cette rédemption et de ce pardon. Tel n'est certes pas le cas.

7. 2 Corinthiens 5.21 : Dans sa mort, Christ est devenu péché afin qu'en lui nous devenions justice de Dieu. Si donc il est mort

pour tous, pourquoi tous ne sont-ils pas devenus justice?

8. Jean 17.9 : Christ n'intercède pas pour tous les hommes et par conséquent, il n'est pas mort pour tous non plus. (Voir les chapitres quatre et cinq de la deuxième partie.)

9. Éphésiens 5.25 : Christ aime l'Église, et cet amour constitue un exemple de celui qu'un mari doit porter à sa femme. Si Christ a aimé d'autres personnes autant qu'il a aimé son Église, et ce jusqu'à mourir pour elles, l'homme peut alors certainement aimer d'autres femmes en plus de sa propre femme!

Je pense que je pourrais encore ajouter d'autres arguments, mais en considérant à nouveau tout ce qui a été présenté, je suis persuadé que ce qui a été dit est suffisant pour satisfaire quiconque veut bien se laisser satisfaire; ceux qui s'obstinent ne se satisferaient pas d'arguments supplémentaires. Je termine donc mon argumentation ici.

Quatrième partie

Réponses aux arguments en faveur d'un salut universel

Chapitre

1   Réponses aux quatre raisons couramment   71
      invoquées en faveur d'un salut universel

2   Explication préliminaire des versets contenant   76
      le mot « monde »

3   Une étude détaillée de Jean 3.16   81

4   Une étude détaillée de 1 Jean 2.1-2   87

5   Explication sommaire de six passages des Écritures   91

6   Explication des versets contenant les mots   94
      « tous les hommes », « chaque homme » ou « tout homme »

7   Explication des versets qui semblent suggérer   101
      que ceux pour qui Christ est mort peuvent encore périr

8   Un faux raisonnement dévoilé   106

N.B. Dans cette version abrégée, l'ordre des chapitres de cette section diffère un peu de celui de John Owen, dans le but de rendre la présentation plus claire.

Quatrième partie
CHAPITRE 1

Réponses aux quatre raisons couramment invoquées en faveur d'un salut universel

Raison 1

Il existe des passages dans les Écritures qui parlent de façon très générale et en termes plutôt vagues, de ce que Christ a accompli par sa mort. Par conséquent, certains concluent à la lumière de ces passages que sa mort n'a pas pu avoir de but particulier ou circonscrit.

Par exemple, les Écritures témoignent de la valeur infinie de la mort de Christ. Il est dit que c'est « par son propre sang » que Dieu s'est acquis l'Église (Actes 20.28). La mort de Christ est dépeinte comme une offrande « sans tache », offerte « par l'Esprit éternel » (Hébreux 9.14). Il est écrit que le sang de Christ est « précieux », plus précieux que l'argent ou l'or (1 Pierre 1.18). Dans ces conditions, puisque la mort du Fils de Dieu possède une valeur aussi incontestable et infinie, n'est-elle pas suffisante pour tous les hommes ?

Nous ne nions pas que la mort de Christ ait constitué une valeur suffisante pour sauver tous les hommes. Nous affirmons plutôt que les Écritures énoncent clairement que sa mort n'était pas destinée à servir de rançon à tous les hommes. Cet argument est exposé davantage aux chapitres deux, trois, quatre, cinq et six. Certains pourront s'objecter : si Christ n'est pas mort pour tous les hommes, il est donc inutile d'obéir au commandement de prêcher à tous les hommes (Matthieu 28.19). À cela, je réplique :

a. Des croyants de toutes les nations seront rachetés, mais pour ce faire, l'évangile doit être prêché à toutes les nations.

b. Puisqu'il n'y a maintenant aucun privilège particulier accordé à la nation juive, l'évangile doit être prêché à tous, sans distinction.

c. L'appel à croire, lancé aux hommes, n'est pas un appel à croire que Christ est mort pour chacun d'eux en particulier, mais un appel à croire que Jésus est le seul par qui le salut est prêché.

d. Les prédicateurs ne peuvent jamais savoir qui sont les élus de Dieu parmi les membres de leurs congrégations. Ils doivent donc lancer l'appel à tous, et donner l'assurance du salut à ceux qui y répondent, car la mort de Christ suffit à sauver tous ceux qui croient.

Ces éléments devraient suffire à prouver que l'évangile doit être prêché à tous, mais que tous ne seront pas sauvés.

(John Owen poursuit alors avec une longue section où il est question des mots « monde » et « tous les hommes ». Cette section a été déplacée aux chapitres deux et six respectivement.)

Raison 2

Les Écritures donnent parfois l'impression que parmi les rachetés, certains ne sont pas réellement sauvés. À partir de cette perception, certains suggèrent que Christ est en fait mort pour tous, mais que seuls quelques-uns parviennent à remplir les conditions adéquates.

Il nous faut comprendre que les Écritures présentent souvent les individus selon leur apparence, et non selon leur réalité intérieure.

Par exemple, Jérusalem est nommée la « ville sainte » (Matthieu 27.53). L'intention n'est pas de nous laisser entendre que Jérusalem était réellement un lieu saint.

De même, les Écritures décrivent des personnes comme étant « saintes » ou « des saints » ou comme des « élus », parce qu'ils entretenaient un lien visible avec une communauté de croyants. En écrivant aux Philippiens, Paul dit : « il est juste que j'aie pour vous de telles pensées » (Philippiens 1.7). Nous ne devons pas conclure d'après ces quelques mots que tous ses lecteurs étaient de véritables croyants. Paul les jugeait selon les connaissances limitées qu'il avait d'eux. Si quelques-uns se sont égarés, nous ne pouvons en déduire que Dieu a eu a priori l'intention de les sauver tous, mais que seuls certains sont demeurés fermes. Celui qui se perd n'a jamais été un vrai croyant, même si les apparences donnaient une telle impression. (Le chapitre sept traite de cette question plus en profondeur).

Raison 3

Les Écritures suggèrent parfois que le salut est offert de façon générale à tous les hommes, à la condition qu'ils croient. Certains insinuent par la suite que Christ est certainement mort pour tous les hommes.

Il est vrai que la foi et le salut sont toujours liés ensemble dans les Écritures. Celui qui croit sera sauvé. Cette affirmation, par contre, veut simplement dire que ceux qui croient seront assurément sauvés. Elle ne signifie pas forcément que Dieu ait l'intention de sauver tous les hommes s'ils voulaient croire, et ce, pour les raisons suivantes :

a. Dieu, en réalité, n'offre pas la vie éternelle à tous les hommes. Une part importante de l'humanité n'a jamais entendu l'évangile.

b. Dans la plupart des cas, il est impossible de connaître les intentions précises de Dieu en nous basant sur ses commandements. De façon générale, Dieu nous commande de lui obéir. Mais dans le cas particulier du Pharaon par exemple, les intentions de Dieu étaient fort différentes de ses commandements, car il a endurci le cœur du Pharaon (Exode 4.21) tout en lui ordonnant d'obéir.

c. La promesse de l'évangile nous enseigne qu'il existe un lien qui ne peut se rompre entre la foi et le salut. Cependant, elle ne peut représenter une intention de la part de Dieu que tous se repentent et croient, car quel serait alors le but du plan divin de l'élection? Si Dieu avait formé le dessein de sauver tous les hommes, pourquoi aurait-il choisi seulement quelques élus? Et si son intention était de les sauver tous, pourquoi n'a-t-il pas exécuté ce plan? (Il est inutile de prétendre que Dieu ait échoué parce que les hommes ont refusé de croire; il devait sûrement savoir au préalable que tel serait le cas; pourquoi donc aurait-il déterminé un plan, sachant qu'il ne pourrait le mettre à exécution?)

Il faut également considérer le fait que les croyants et les non croyants se côtoient et que celui qui prêche ne peut savoir qui est ou n'est pas élu de Dieu. Il doit donc prêcher à tous, de façon générale. Cela ne veut pas dire que la promesse de l'évangile soit pour tous, mais elle est proclamée à tous. Puisque l'on reçoit Christ par la foi, et que la foi est le don de Dieu, qu'il distribue selon son bon plaisir, il est manifeste que Dieu n'a pas l'intention de sauver ceux à qui il n'accorde pas la foi.

Raison 4

Si Christ n'est pas mort pour tous les hommes, toutes les exhortations à croire adressées à tous dans les Écritures sont-elles alors sans valeur?

Il faut comprendre que les Écritures décrivent plusieurs degrés de développement de la foi et obéissent à un ordre logique dans l'usage. Il ne faut pas penser que ces exhortations à la foi cherchent à convaincre tout homme que Christ est mort pour lui en particulier. Il existe d'autres éléments nécessitant la foi, que tous peuvent recevoir. Personne n'est tenu de croire une chose s'il juge ne pas avoir de preuve suffisante. Par exemple :

a. La première chose que les hommes doivent croire est qu'ils ne peuvent se sauver eux-mêmes, parce qu'ils sont pécheurs. Chaque homme en possède l'évidence en lui-même, comme Paul le démontre aux chapitres 1 à 3 de l'Épître aux Romains. Combien d'entre les hommes ne parviendront jamais à atteindre ce degré de foi, malgré l'abondance de preuves!

b. L'évangile appelle les pécheurs à croire que Dieu a pourvu un moyen de salut en Jésus-Christ. Des millions de personnes ont entendu ce message, mais refusent de le recevoir, malgré l'abondance de preuves!

c. L'évangile appelle les pécheurs à croire qu'il n'y a de salut en aucun autre que Jésus-Christ. C'est précisément ce que les Juifs ont refusé de croire, percevant plutôt Christ comme l'ennemi de Dieu!

Ces appels globaux ne sont pas lancés parce que Christ est mort pour tous, mais parce que ces vérités sont évidentes pour tous. C'est seulement après avoir franchi les étapes de la foi, en rapport avec ces vérités, qu'un individu est appelé à croire que Jésus est mort pour lui en particulier. Quelques-uns ont souligné que le Symbole des apôtres (ce résumé ancien de la religion chrétienne) se termine en déclarant que la foi concerne « le pardon des péchés et la vie éternelle ». En d'autres termes, avant d'en arriver à ce point, il faut croire à tout ce qui précède, étant donné la profusion d'évidences offertes. Nous reviendrons à cette question au chapitre huit.

Quatrième partie
CHAPITRE 2

Explication préliminaire des versets contenant le mot « monde »

D'une part, j'hésite à citer quel que passage utilisé pour appuyer l'idée que Christ soit mort pour tous, sans exception. Ce n'est pas que je trouve difficile de les expliquer, mais simplement qu'il me répugne de mentionner un tel mensonge. D'autre part, je suppose que l'attention de mes lecteurs a déjà été attirée sur la plupart de ces versets par le discours de ceux qui proposent cette erreur. Je dois donc vous donner à ce stade, les réponses pour réfuter l'erreur.

Ne vous laissez pas entraîner par l'impression que confèrent les mots. Rappelez-vous en tout temps ce qu'est la tendance générale de l'enseignement biblique, et n'interprétez jamais un verset de façon à contredire cette tendance générale fournie par l'ensemble des Écritures. Nous pouvons, par exemple, démontrer que le mot « monde » tire son sens des versets environnants où qu'il se situe dans un texte donné; on retrouve cinq usages différents pour ce mot.

1. L'univers physique, ou le monde habitable   Job 34.13
   Matthieu 13.38
   Actes 17.24
   Éphésiens 1.4
   et plusieurs autres versets

2. Les gens du monde :

Tous sans exception	Romains 3.6
Tous sans distinction	Jean 7.4
Beaucoup d'hommes	Matthieu 18.7
La plupart des hommes	Romains 1.8
L'Empire romain	Luc 2.1
Les individus bons	Jean 6.33
Les individus mauvais	Jean 14.17

   et plusieurs autres versets

3. Le monde, en tant que système corrompu   Galates 6.14
   et plusieurs autres versets

4. L'état de l'homme   Jean 18.36
   et plusieurs autres versets

5. Le royaume de Satan   Jean 14.30
   et plusieurs autres versets

Quelques-uns s'opposeront, disant qu'un mot doit toujours nécessairement avoir le même sens pour chacune de ses occurrences dans les Écritures. Je réponds que ce ne peut être vrai, puisque les Écritures emploient à l'occasion différents sens du même mot à l'intérieur d'une même phrase. Dans Matthieu 8.22, le mot « mort » signifie d'abord la mort spirituelle, et il est ensuite question de mort physique. Dans Jean 1.10, la première fois que le mot « monde » apparaît, il veut dire la terre habitable; sa deuxième occurrence signifie la planète terre, et la troisième désigne certains hommes de la terre.

De plus, si le mot « monde » signifie *parfois* une partie de la totalité des hommes, il est donc impossible d'affirmer que le mot désigne toujours l'ensemble des hommes. Dans plusieurs cas, le mot désigne à l'évidence seulement une partie des hommes.

Luc 2.1 : « toute la terre ». Cette expression désigne sans aucun doute l'Empire romain, et par conséquent, ne décrit pas l'ensemble des hommes.

Jean 1.10 : « le monde ne l'a pas connu ». Puisque certains ont cru en lui, le mot ne peut vouloir dire la totalité des hommes.

Jean 8.26 : « je le dis au monde ». Seuls quelques-uns parmi les Juifs l'ont entendu. Le mot « monde » ne peut donc pas référer à tous les hommes.

Jean 12.19 : « le monde est allé après lui ». D'après le contexte, nous comprenons qu'une grande partie de la nation juive l'a suivi, et non pas la totalité.

1 Jean 5.19 : « le monde entier ». Il existe pourtant beaucoup de vrais croyants qui de toute évidence ne sont pas sous l'emprise du Malin. Il ne s'agit donc pas de tous les hommes.

Nous constatons alors que le mot « monde » ne réfère souvent qu'à une partie des hommes dans le monde. Je ne vois pas pour quelle raison ce mot signifierait autre chose quand il est question du salut.

Pour faire suite à ces observations générales, nous examinerons maintenant quelques cas où le mot « monde » apparaît, par exemple, en Jean 1.29; 3.16; 4.42; 6.51; 2 Corinthiens 5.19 et 1 Jean 2.2. Certains emploieront de tels versets pour avancer que :

1. Le monde signifie tout homme sans exception.
2. Christ est mort pour le monde.
3. Donc, Christ est mort pour tous les hommes.

Ce raisonnement est faux, car le mot « monde » emprunte deux sens différents. Dans le premier énoncé, il se rapporte à la planète terre. Dans le deuxième, il fait référence aux êtres humains vivant dans le monde. Il n'y a pas de rapprochement possible entre les deux significations. Il s'ensuit donc que la conclusion est erronée (à moins que vous ne cherchiez à prouver que Christ est mort pour la planète terre).

Certains ont repris l'argumentation et l'on reformulée ainsi :

1. Dans certains cas dans les Écritures, le mot « monde » signifie tous les hommes.
2. Christ est mort pour le monde.
3. Donc, Christ est mort pour tous les hommes.

Ces considérations sont également fausses. On ne peut conclure à un sens universel quand le premier énoncé réfère au sens limité d'un mot ou d'une expression, en l'occurrence, « dans certains cas ». De plus, je dois insister sur le fait qu'à plusieurs occasions, la mort de Christ est uniquement associée à « ses brebis » ou à « son Église ».

Par conséquent, il leur faut une fois de plus récrire ce raisonnement comme suit :

1. Dans certains cas dans les Écritures, le mot « monde » veut dire tous les hommes.
2. Dans certains cas, les Écritures affirment que Christ est mort pour le monde entier.
3. Donc, Christ est mort pour tous les hommes sans exception.

Il est certainement évident pour quiconque que cet argument ne tient pas! Il faudrait pouvoir démontrer que l'expression « dans certains cas », telle que formulée dans la première affirmation, a le même sens que « dans certains cas » énoncé dans la deuxième, sans quoi l'argument ne prouve rien. Mais de toute manière, une conclusion ne peut avoir une portée universelle quand l'énoncé de base est circonscrit, comme nous l'avons vu précédemment.

Je crois donc avoir exposé, de façon préliminaire, les erreurs des arguments fondés sur l'utilisation du mot « monde ». J'ose déclarer que jamais des hommes intelligents n'ont avancé de raisonnement aussi défaillant dans une cause aussi importante! Délaissons maintenant les arguments pour en venir aux Écritures mêmes.

Quatrième partie
CHAPITRE TROIS

Une étude détaillée de Jean 3.16

Ce verset est souvent interprété comme suit :

« aimé »	=	1. Dieu, en raison de sa nature, désire ardemment le bien-être
« monde »	=	2. de la race humaine entière, de toute époque et dans tous les âges
« donné »	=	3. qu'il a donné son Fils, pour qu'il meure, non pas pour sauver n'importe qui, mais
« quiconque »	=	4. afin que quiconque possédant une tendance naturelle à croire,
« ait »	=	5. obtienne ainsi la vie éternelle.

En contrepartie, voici comment nous comprenons l'enseignement de ce verset :

« aimé »	=	1. Dieu éprouvait un amour si grand et si extraordinaire, qu'il a voulu
« monde »	=	2. que, parmi toutes les races, son peuple soit sauvé
« donné »	=	3. en désignant son Fils comme Sauveur parfaitement suffisant
« quiconque »		4. s'assurant que tous les croyants sans exception, et eux seuls
« ait »	=	5. reçoivent tous les avantages glorieux qui leur sont destinés.

Trois éléments nécessitent une étude minutieuse. Premièrement, l'amour de Dieu; deuxièmement, l'objet de cet amour, appelé dans ce contexte « le monde »; et troisièmement, le dessein de Dieu à savoir que le croyant « ne périsse pas ».

1. Il est capital de comprendre qu'aucun propos suggérant que Dieu soit imparfait ne doit être entretenu à son sujet. Son œuvre est parfaite. L'argument soutenant que Dieu éprouve naturellement le désir de sauver tous les hommes suppose par le fait même que son aspiration soit précaire, et son bonheur partiel puisque tous les hommes ne sont pas sauvés.

De plus, nous ne voyons nulle part dans les Écritures que Dieu, conformément à sa nature, est enclin à faire du bien à tous. Au contraire, il est évident que Dieu exerce sa liberté de faire miséricorde à qui il veut bien faire miséricorde. Son amour constitue un acte délibéré de sa volonté, non pas une émotion en réaction à notre état misérable. (Si c'est seulement notre misère qui nous a attiré sa compassion, il lui faudrait en conséquence éprouver de la miséricorde envers les démons et les damnés!)

L'amour dont il est question constitue un acte extraordinaire et sublime de la volonté de Dieu, dirigé précisément envers les croyants. Les mots « tant » et « afin que » soulignent le caractère inhabituel de cet amour et aussi son objectif évident de sauver les croyants de la mort. Il ne peut s'agir d'une affection commune, destinée à tous, car la réalité est que certains périssent.

D'autres versets bibliques concordent avec la notion que cet amour constitue un acte suprême destiné particulièrement aux croyants : Romains 5.8 ou 1 Jean 4.9-0. L'accent ne serait pas aussi catégorique s'il s'agissait d'une simple propension à vouloir le bien de tous.

Il est évident que Dieu désire le bien de ceux qu'il aime. Il s'ensuit forcément qu'il aime uniquement ceux qui reçoivent ce bien. Ce même amour qui l'a motivé à donner Christ le pousse aussi à donner, avec lui, toutes autres choses nécessaires. « Lui qui n'a pas épargné son propre Fils, mais qui l'a livré pour nous tous, comment ne nous donnera-t-il pas aussi tout avec lui, par grâce? » (Romains 8.32). Cet amour incomparable de Dieu ne peut être que pour ceux qui ont réellement reçu de lui la grâce et la gloire.

Maintenant, lecteur chrétien, à vous de juger; l'amour de Dieu, manifesté par le don de son Fils, doit-il être considéré comme une bienveillance générale envers tous les hommes? Ne s'agirait-il pas plutôt de son amour inégalable envers les croyants élus?

2. Il nous faut examiner l'objet de l'amour de Dieu, dans ce cas appelé « le monde ». Certains disent qu'un tel énoncé inclut assurément tout homme sans exception. Je n'ai jamais pu voir comment il est possible d'arriver à cette compréhension du terme. Nous avons déjà considéré les différentes utilisations du mot « monde » dans les Écritures. Dans Jean 3.16, l'amour dont il est question au début du verset et le but de cet amour, évident à la fin du verset, ne correspondent aucunement au sens décrivant « tout homme sans exception » pour l'expression « le monde » apparaissant au milieu de ce même verset, bien que certains tentent de lui imposer ce sens!

Pour notre part, nous comprenons que ce terme réfère aux élus de Dieu, dispersés aux quatre coins du monde parmi toutes les nations. Il ne s'agit plus d'avantages particuliers de la part de Dieu qui profitent uniquement aux Juifs. En effet, le sens peut être rendu ainsi : « Dieu a tant aimé ses élus dispersés à travers le monde entier, qu'il a donné son Fils avec l'intention de sauver les croyants par lui. » Plusieurs raisons appuient ce point de vue.

La nature de l'amour de Dieu, comme nous l'avons vu précédemment, fait en sorte qu'il est impossible de l'étendre à tous les hommes. Le « monde » selon ce verset comporte l'ensemble de ceux qui reçoivent véritablement la vie éternelle. Cela nous est confirmé dans le verset suivant, Jean 3.17 où, à la troisième occurrence du mot « monde » il est dit que le but de la venue de Christ était « que le monde soit sauvé par lui ». Si le mot « monde » est interprété dans ce cas par autre chose que les croyants élus, c'est donc que Dieu a échoué dans la réalisation de son objectif; loin de nous de permettre à une telle pensée de subsister.

En fait, il n'est pas inhabituel de voir les termes « le monde », « toute chair », « toutes les nations » et « toutes les familles de la terre » employés pour désigner les croyants de Dieu. Dans Jean 4.42 par exemple, il est dit que Christ est le Sauveur du monde. L'idée d'un Sauveur d'hommes perdus constitue une contradiction dans les termes. Ainsi, ceux qui sont désignés par « le monde » dans ce passage sont nécessairement ceux qui sont sauvés.

Il existe plusieurs raisons pour lesquelles les croyants sont appelés « le monde ». L'une d'elles consiste à établir la distinction entre eux et les anges; c'est également pour écarter les Juifs prétentieux qui se croyaient seuls à jouir de privilèges en tant que peuple de Dieu; cette désignation sert aussi à enseigner la différence entre l'Ancienne Alliance conclue avec une seule nation et la Nouvelle — alors que Dieu, par Christ, aura tout réconcilié avec lui-même; et pour mettre en évidence la condition des croyants dans leur état naturel, en tant que créatures terrestres, charnelles.

Si nous persistons à soutenir l'argument qu'ici « le monde » désigne tout homme sans exception, faisant tous l'objet de l'amour de Dieu, pourquoi Dieu n'a-t-il pas révélé Jésus à tous ceux qu'il aime ainsi? Étrange! Dieu a-t-il donné son Fils pour eux, sans pour autant leur avoir exprimé son amour? Des millions d'individus n'ont jamais entendu l'évangile! Comment peut-on affirmer qu'il aime tous les hommes si, dans sa souveraineté, il ne révèle pas son amour à chaque homme?

Enfin, il est impossible que « le monde » soit employé pour

décrire tous les hommes sans exception à moins que l'on ne soit prêt à admettre les affirmations suivantes :

- L'amour de Dieu envers beaucoup d'hommes est vain, puisque ceux-ci périssent.
- Christ s'est offert pour des millions de personnes qui ne l'ont jamais connu.
- Christ s'est offert pour des millions de personnes qui ne peuvent croire en lui.
- L'amour de Dieu est altéré, puisque ceux qui périssent sont abandonnés (ou il continue à les aimer alors qu'ils sont en enfer).
- Dieu manque à son engagement de donner toutes choses à ceux pour qui Christ s'est offert.
- Dieu ne sait pas d'avance lesquels croiront pour être sauvés.

Nous ne pouvons accepter de telles absurdités ; « le monde » ne peut vouloir dire autre chose que les élus dispersés à travers le monde.

3. La foi est le moyen par lequel les élus de Dieu peuvent s'approprier la vie qui est dans le Fils. À l'évidence, c'est afin que « chaque croyant » « ne périsse pas ».*

Si nous affirmons que Christ est mort pour chaque homme sans exception, mais du même souffle disons que seuls les croyants seront sauvés, quelle est donc la différence entre ceux qui croient et ceux qui ne croient pas ? Ils ne peuvent d'eux-mêmes produire

---

* Il n'est pas avantageux pour la cause de l'expiation universelle de suggérer indéfiniment que « quiconque » veut dire n'importe quelle personne sans distinction.

cette distinction (voir 1 Corinthiens 4.7). Cette distinction constitue par conséquent l'œuvre de Dieu. Cependant, si Dieu a voulu qu'il existe une telle distinction, pourquoi aurait-il donné Christ pour tous, sans distinction?

Le verset déclare que Dieu désire que tous les croyants soient sauvés. Il s'ensuit que Dieu n'a pas donné son Fils pour les incroyants. Comment aurait-il pu donner son Fils pour ceux à qui il n'a pas accordé la grâce de croire?

Maintenant cher lecteur, il vous appartient de soupeser toutes ces questions, et notamment celle qui concerne l'amour de Dieu, et de vous demander sérieusement s'il est possible qu'une telle affection, si elle était manifestée à tous les hommes, puisse tolérer la perte d'un seul de ces êtres bien-aimés? N'est-il pas plus aisé de croire que cet amour unique et extraordinaire émanant du Père est exclusivement réservé à ses enfants, qui sont les croyants, et qu'il constitue le garant de leur sécurité future? Vous saurez alors si les Écritures enseignent que Christ est mort comme rançon dans un but incertain — sans résultats, si l'on considère le prix qui a été payé pour plusieurs qui ne croient pas — ou si cette rédemption possède un caractère particulier et s'avère être glorieusement efficace pour chaque croyant. Rappelez-vous que le verset Jean 3.16, si souvent utilisé pour appuyer l'idée que Christ soit mort pour tout homme, n'enseigne cependant rien de la sorte, comme je l'ai démontré!

---

1. Dans le grec, le sens est en réalité « chaque croyant ».

2. Persister à croire au concept du « n'importe qui » revient en fait à nier que l'amour de Dieu est le même pour chaque homme sans exception! Si quelques-uns — inclus dans ce « quiconque » — sont favorisés, Dieu n'aime donc pas tous les hommes également. Il a certainement aimé les « quiconque » plus que tous les autres!

Quatrième partie
CHAPITRE 4

Une étude détaillée de 1 Jean 2.1-2

Cet autre passage est souvent employé par ceux qui préconisent que la mort de Christ se rapporte à chaque homme. On dit que l'expression « du monde entier » signifie sans doute « toutes les personnes dans le monde », et que sa contrepartie exprimée dans l'expression « non seulement pour les nôtres » associe intentionnellement tous les hommes sans exception aux croyants comme étant tous concernés par la mort de Christ.

Je pourrais répondre brièvement en disant que le mot « monde » désigne, comme dans d'autres cas, « les gens vivant dans le monde » et subséquemment, « du monde entier » signifie en réalité « les gens vivant de par le monde entier », sens que l'on retrouve dans Apocalypse 5.9 où il est question des rachetés venant de toutes les nations du monde. Néanmoins, puisque ce verset est si fréquemment utilisé, je présenterai une étude détaillée comportant la réponse à quatre questions.

1. À qui Jean écrit-il? Il est vrai que les Écritures concernent l'Église universelle, mais plusieurs de ses portions étaient destinées à des personnes en particulier. Il nous faut considérer ces textes dans leur contexte immédiat. Voici nos constatations :

a. Jean était avant tout un apôtre envoyé vers les Juifs (Galates 2.9).

b. Il écrit à ceux qui ont déjà entendu la parole de Dieu (1 Jean 2.7) et nous savons aussi que la parole a été envoyée pour le salut « du Juif premièrement ».

c. Jean fait une distinction entre « nous » et « le monde », établissant ainsi clairement qu'il écrit à ceux qui, comme lui, sont juifs.

d. Jean met fréquemment ses lecteurs en garde contre les faux docteurs (par exemple dans 1 Jean 2.19). Puisqu'il mentionne que de tels enseignants « sont sortis de chez nous », il est évident qu'il écrit à ses compatriotes juifs.

Considérant cette haine nationale qu'éprouvaient les Juifs envers les Gentils, de même que leur opinion selon laquelle seule la nation juive constituait le peuple de Dieu, il est tout naturel pour Jean d'accentuer le fait que Jésus est mort non seulement pour les croyants juifs, mais pour tous les croyants du monde entier? Cette insistance est également exprimée dans Jean 11.52. De toute évidence, Jean cherche à empêcher que les chrétiens juifs tombent dans cette erreur perpétuelle qui consiste pour eux à s'imaginer qu'ils sont les seuls vrais chrétiens. Il signale le fait qu'il existe des chrétiens parmi les Gentils du monde entier. Rien en l'occurrence ne laisse présupposer une doctrine soutenant que Christ soit mort pour tous les hommes.

2. Dans quel but Jean a-t-il écrit? Il a écrit afin de consoler les chrétiens accablés par leurs péchés, afin qu'ils ne désespèrent pas. « Si quelqu'un a péché… » J'ajouterai quelques remarques :

a. Seuls les chrétiens peuvent être consolés par le fait que Christ est leur avocat.

b. Seuls les chrétiens peuvent obtenir la consolation; les incroyants sont sous la colère divine.

c. Jean les décrit comme étant des « petits enfants » dont les « péchés sont pardonnés ».

En d'autres termes, les intentions de Jean s'appliquent seulement aux croyants. Comment la supposition que Christ soit mort pour tous les hommes — dont plusieurs ne sont pas sauvés — pourrait-elle constituer un réconfort pour les croyants? Ce verset n'apporte aucune consolation à moins qu'il ne communique que Christ est le Sauveur de tous les croyants, où qu'ils se trouvent dans le monde.

3. Quel est le sens du terme « propitiation »? Le mot grec traduit dans ce cas par « propitiation » dans certaines versions, se rapproche du mot traduit par « propitiatoire » dans Hébreux 9.5, d'où nous pouvons tirer une compréhension de son sens. Le « propitiatoire » était le couvercle d'or qui recouvrait l'Arche de l'alliance dans laquelle on conservait le Témoignage, les tables de pierre sur lesquelles était écrite la Loi (Exode 25.17–22). Ce Témoignage, condamnant les hommes en tant que pécheurs, était caché sous le propitiatoire. Il s'agit d'une image de l'œuvre de Jésus-Christ, qui par sa mort a caché la Loi de Dieu afin qu'elle ne puisse plus accuser ceux qui croient en lui. Jésus est la propitiation du croyant. Peut-on réellement affirmer que tous les hommes du monde entier soient à l'abri de la condamnation en tant que pécheurs? Peut-on vraiment supposer que Christ soit la propitiation du monde entier?

4. Quel est, par conséquent, le sens de l'expression « du monde entier »? Cette expression apparaît plusieurs fois dans le Nouveau Testament et souvent ne signifie PAS tous les hommes sans exception. Par exemple :

Luc 2.1
    Seul l'Empire romain était soumis à cette taxe.

Romains 1.8
    Plusieurs régions du monde n'avaient pas encore entendu parler de l'Église de Rome à cette époque.

Colossiens 1.6
> L'évangile n'avait pas encore été prêché dans plusieurs parties du monde.

Apocalypse 3.10
> Le monde entier est appelé à souffrir, mais il ne peut s'agir de tous, car certaines personnes seront épargnées.

Dans ces versets, et ailleurs, le monde entier réfère simplement à une multitude dont le nombre est indéterminé.

De plus, dans bon nombre de versets, des expressions telles que « toute chair » signifient ni plus ni moins toutes sortes de gens, comme c'est le cas pour les versets suivants :

Psaume 145.21; Joël 3.1
> (que l'on voit accompli dans Actes 2.17).

Certes, il arrive aussi que le monde entier désigne tous SAUF les croyants chrétiens, par exemple :

1 Jean 5.19; Apocalypse 12.9 [« toute la terre » dans la Nouvelle version Segond révisée].

Ces exemples montrent en toutes lettres qu'il n'est pas essentiel de comprendre l'expression « le monde entier » dans un sens enfermant la totalité des êtres humains. C'est le contexte immédiat entourant l'expression qui nous guide vers une compréhension raisonnable du sens.

Je conclus en disant que ce passage des Écritures fait référence à l'œuvre de Christ pour tous les croyants, qu'ils soient Juifs ou Gentils. Il déclare que Jésus est sans conteste leur propitiation. Personne ne peut arguer de façon sérieuse que tous les hommes sans exception sont réellement sauvés par Christ. Pas plus qu'il n'est utile d'avancer que Christ est suffisant comme propitiation pour tous et pour chacun. Jacob n'aurait pas été réconforté à la nouvelle qu'il y avait du blé en abondance en Égypte. Il serait mort de faim s'il ne s'était pas concrètement approprié cette nourriture. Christ constitue donc un réconfort seulement pour ceux du monde entier qui sont réellement sauvés.

Quatrième partie
CHAPITRE 5

Explication sommaire de six passages des Écritures

Les versets suivants, parmi d'autres, sont parfois utilisés pour suggérer que Christ soit mort pour tous les hommes :

1. Jean 1.9 : Ce verset est probablement mieux traduit comme suit : « C'était la véritable lumière qui, en venant dans le monde éclaire tout homme. » (Comparez aussi Jean 3.19 et 12.46)

En d'autres termes, la venue de Christ dans le monde a eu l'effet d'éclairer les hommes; quelle que soit la révélation qu'un homme reçoive au sujet de la vérité… elle lui vient nécessairement de Christ. Il est donc futile d'y fonder un argument en faveur d'un salut universel.

2. Jean 1.29 : Christ ôte assurément le péché répandu dans tout le monde. Cependant, affirmer qu'il ôte le péché de tous les hommes sans exception et les purifie tous constitue une erreur, en tenant compte de ce verset autant que de notre expérience!

3. Jean 3.17 : Il est impossible de comprendre à partir de ce verset que Christ est mort pour tous les hommes, car :

   a. En réalité, tous les hommes ne sont pas sauvés.
   b. Plusieurs étaient déjà condamnés lorsque Christ est venu.
   c. Il était prévu que Christ entraînerait la chute de plusieurs (Luc 2.34).
   d. Le but de Christ en venant dans le monde ne pouvait diverger des desseins éternels de Dieu impliquant la condamnation de certains à cause de leurs péchés. Dieu a-t-il envoyé son Fils pour sauver ces derniers?

Le monde sauvé selon le dessein de Dieu dont il est question dans ce cas constitue le peuple de Dieu.

4. Jean 4.42 et 1 Jean 4.14 : Nous comprenons le fait que Christ est appelé le Sauveur du monde de la manière suivante :

   a. Il n'existe aucun autre Sauveur pour personne dans ce monde, et
   b. lui seul sauve ceux qui sont sauvés, partout dans le monde.

De toute évidence, il ne peut être appelé le Sauveur du monde au sens d'avoir sauvé tous les individus du monde — car dans les faits, il ne les a pas tous sauvés.

5. Jean 6.51 : Il devrait être évident que le « monde » tel qu'il est mentionné en l'occurrence ne réfère pas à la totalité des humains! Le verset déclare que Christ devait donner sa vie afin que d'autres aient la vie. Pouvons-nous vraiment supposer que tous les hommes, en tous lieux, aient reçu cette vie? Ceux qui sont condamnés l'ont-ils reçue? Or, il nous faut répondre par l'affirmative à ces deux questions si le mot « monde » signifie tous les hommes sans exception.

6. 2 Corinthiens 5.19 : À nouveau, il nous faut comprendre le sens du mot « monde » dans ce cas en examinant son contexte immédiat. L'allusion au « monde » au verset 19 fait référence à ceux qui sont appelés « nous » au verset 18, et encore « nous » au verset 21. La vérité de ces versets ne concerne que les croyants. Le « monde » dans ce contexte signifie ceux dont les transgressions sont pardonnées.

Si le mot « monde » décrit tous les hommes du monde entier, comment se fait-il alors que tous ne soient pas réconciliés avec Dieu? Ce verset ne suppose pas que Dieu réconciliera tous les hommes avec lui suivant le respect de certaines conditions, mais plutôt qu'une réconciliation a déjà eu lieu!

Voilà donc notre défense, notre réponse, à ceux qui tordent le sens de ces passages des Écritures pour soutenir leur notion que Christ est mort pour tous sans exception. Tout le poids de leur argumentation repose sur un seul mot, le mot « monde »; un mot dont le sens s'avère des plus ambigus! Cher lecteur : « examinez toutes choses, retenez ce qui est bon ».

Quatrième partie
CHAPITRE 6

Explication des versets contenant les mots « tous les hommes », « chaque homme » ou « tout homme ».

Il faut premièrement préciser certains points concernant l'emploi des mots « tout » et « tous ». Il existe normalement deux significations, soit « la totalité », soit « toutes les sortes ». Je suis prêt à déclarer que dans les Écritures, une occurrence sur dix tout au plus réfère à la notion de « totalité » ! Le plus souvent, il signifie « toutes les sortes ». Voyons par exemple :

Luc 11.42 : Le grec désigne « toutes les herbes... » Cependant, les traducteurs ont choisi d'écrire « toute sorte d'herbe » [*Darby*], ce que nous croyons être exact.

Jean 12.32 : Il est évident que ce n'est pas toute la race humaine qui est attirée à Christ. « Tous » dans ce contexte ne peut donc faire référence qu'à des hommes de toute sorte.

Actes 2.17 : À l'évidence, d'après notre expérience, le Saint-Esprit n'est pas répandu sur toute la race humaine. « Toute chair » décrit donc des gens de toute sorte, et non seulement les Juifs.

Actes 10.12 : À l'origine, le mot exact est « tous », mais la traduction l'a rendu par « toutes sortes d'animaux » [*Semeur*].

À partir de ces exemples (et nous pourrions en citer plusieurs autres), nous tirons trois conclusions :

a. Le mot « tout » signifie souvent « de toute sorte ».
b. Le mot « tout » peut vouloir dire « chacun d'une sorte en particulier ». Dans Romains 5.18, l'expression « tous les hommes » réfère évidemment à « tous les hommes justifiés » ou à « tous les croyants ».
c. Alors que l'Ancien Testament prophétise la conversion de « toutes les nations », le Nouveau Testament démontre qu'il est question des élus de Dieu parmi toutes les nations.

Après ces quelques observations sommaires, j'en viens à examiner plusieurs passages précis qui sont utilisés par ceux qui cherchent à prouver que Christ est mort pour la totalité de la race humaine.

1. 1 Timothée 2.4–6 est probablement le plus important de ces passages. L'argumentation suivante est tirée de ces versets :

> Si l'intention de Dieu consiste à sauver tous les hommes, Christ doit donc mourir pour tous les hommes. Ce passage déclare que Dieu veut que tous les hommes soient sauvés. Par conséquent, Christ est forcément mort pour tous les hommes.

Nous sommes aux prises avec l'ambiguïté du mot « tous ». Si le mot décrit « des hommes de toute sorte », nous approuvons cet argument. Si le mot signifie « toute la race humaine », nous le rejetons.

Il nous faut comprendre que la volonté de Dieu se manifeste de deux façons :

a. Son dessein à notre égard — ce qu'il veut que nous fassions, et
b. son dessein envers lui-même — ce qu'il veut faire.

Ainsi, si la volonté de Dieu, selon ce verset, correspond à ce qu'il veut que tous les hommes fassent, l'apôtre déclare donc que Dieu souhaite que la race humaine entière se conforme à certaines mesures pour parvenir au salut. Cependant, une large part des êtres humains a vécu et est morte dans l'ignorance de ce salut, car la Providence ne leur a pas fait connaître sa grâce ! Par conséquent, « tous les hommes » ne peut que signifier « tous les hommes qui ont entendu l'évangile ». Il est impossible qu'il soit question dans ce cas de tout le genre humain.

Si par contre, nous considérons l'autre option, à savoir « ce qu'il a l'intention de faire », nous pouvons alors affirmer que la chose est certainement accomplie. Dieu fait tout ce qu'il veut (Psaume 115.3). Si l'expression « tous les hommes » signifie le genre humain au complet, tous donc sont sauvés. (Autrement, le plan de Dieu a échoué, ce qui est tout à fait inconcevable).

Nous sommes d'avis que la volonté de Dieu décrite dans ce passage concerne « ce qu'il a l'intention de faire », et par conséquent, nous savons qu'elle s'accomplit. Que veut donc dire « tous les hommes » puisque, manifestement, tous ne sont pas sauvés ? Paul emploie cette expression pour indiquer « des hommes de toute sorte vivant en ces jours où l'évangile est prêché ». Le moyen de la grâce ainsi que les frontières de l'Église s'étendent aujourd'hui jusqu'aux confins du monde. Nous prions donc pour des individus de toute sorte (comparer les versets 1 et 2 — « les rois et ceux qui occupent une position supérieure »), car le Seigneur sauvera désormais toute sorte de personnes, et non seulement des Juifs.

Notez bien ces deux énoncés :
a. Dieu désire que des hommes de toute sorte soient sauvés et viennent à la connaissance de la vérité.

b. Ce n'est manifestement pas la volonté de Dieu que l'entière race humaine vienne à la connaissance de la vérité si l'on considère des versets tels que Psaume 147.19-20; Matthieu 11.25-26; Actes 14.16; Colossiens 1.26; Actes 17.30.

Pour toutes ces raisons, nous réfutons l'argument selon lequel « tous les hommes » dans le passage que nous étudions signifie la race humaine dans sa totalité. Il ne peut s'agir que de certains hommes de toute sorte qui sont réellement rachetés par Christ (verset 6). Cette affirmation concorde avec ce qui est énoncé au verset 9 du chapitre 5 de l'Apocalypse.

2. Nous sommes donc prêts à examiner un autre passage souvent utilisé pour suggérer une expiation universelle — 2 Pierre 3.9. Les conclusions suivantes sont proposées :

a. Dieu désire qu'aucun ne périsse, et
b. Dieu veut que tous se repentent.

Puisque ce n'est que par la mort de Christ que les hommes viennent à la repentance, il est donc mort pour tous sans exception.

Nous répondrons à cet argument en peu de mots. L'apôtre emploie ici le « nous ». Qui sont donc « ceux » qui sont représentés par ce « nous »? D'après le contexte de l'épître, nous répondons qu'il s'agit de ceux qui :

a. reçoivent les promesses les plus précieuses et les plus grandes — chapitre 1.4
b. sont appelés « bien-aimés » — chapitre 3.1
c. se distinguent des moqueurs — chapitre 3.3

d. sont appelés les « élus » dans sa première épître — chapitre 1.2

e. sont appelés un « peuple racheté » dans sa première épître — chapitre 2.9

Il est tout simplement insensé de soutenir que puisque le Seigneur désire qu'aucun de ceux-ci ne périsse, il désire par conséquent que tous se repentent !

3. Nous passons maintenant à l'examen d'Hébreux 2.9, affirmant que Christ a goûté la mort pour tous. Le mot « tous » est souvent utilisé pour indiquer tous ceux d'une sorte en particulier. Voyez par exemple :

a. 1 Corinthiens 12.7 où « chacun » signifie évidemment tous ceux qui ont reçu les dons de l'Esprit.

b. Colossiens 1.28 où « tout homme » signifie ni plus ni moins ceux à qui Paul prêchait.

Dans le cas présent, le contexte indique qui sont ceux pour qui Christ a goûté la mort. Ils sont donc (Hébreux 2) :

i. beaucoup de fils (verset 10)

ii. ceux qui sont sanctifiés (verset 11)

iii. ses frères (verset 11)

iv. les enfants que Dieu lui a donnés (verset 13)

v. ceux qui sont délivrés (verset 15)

Christ a goûté la mort pour tous ceux qui sont décrits ci-dessus. Puisqu'aucune de ces descriptions ne peut s'appliquer à un incroyant, « tous » ne peut signifier le genre humain entier.

4. 2 Corinthiens 5.14-15 : Certains utilisent ce texte pour soutenir que Christ est mort pour tous ceux qui étaient morts. Cependant, l'apôtre affirme simplement que tous ceux pour qui Christ est mort étaient morts, mais que maintenant ils sont rendus à la vie afin de vivre pour lui. Ce passage concerne seulement les croyants, et tous les croyants. Il y est écrit que Christ est mort et ressuscité pour eux. Cette déclaration ne s'applique qu'aux véritables croyants.

Quand l'apôtre dit que « tous donc sont morts », il ne s'agit pas de la mort spirituelle — celle qui affecte tous les hommes; l'intention de l'apôtre consiste à démontrer que ceux pour qui Christ est mort sont dorénavant morts au péché et vivants pour lui.

Rien dans ce contexte ne suggère une expiation universelle; il y est plutôt question de la mort de Christ, qui a pour effet d'amener un peuple à part à vivre une vie sanctifiée!

5. 1 Corinthiens 15.22 : Il est évident que l'on ne peut avoir recours à ce verset pour prouver que Christ est mort pour tous les hommes, puisque Paul ajoute au verset 23, concernant la résurrection, que « tous revivront en Christ ». Le verset 20 précise également, en ce qui a trait à Christ, qu'il est « les prémices de ceux qui sont décédés ». Il est certainement inconcevable d'avancer une telle affirmation au sujet de tous les hommes. L'apôtre parle ici des vrais croyants, ceux qui sont morts en Adam, mais qui sont rendus vivants en Christ.

6. Romains 5.18 : Certains préconisant que la mort de Christ donne la vie à tous les hommes font souvent appel à ce verset. Il est possible de dire a priori que « tous » dans la dernière partie du verset correspond à ceux qui ont effectivement reçu la justification qui donne la vie. Ils sont décrits au verset 17 comme ceux qui

« reçoivent l'abondance de la grâce », et l'ayant reçu, à bien plus forte raison « régneront-ils dans la vie par le seul Jésus-Christ ». Au verset 19, ils sont présentés comme ceux qui sont « rendus justes ». Rien de tel ne dépeint la race humaine dans son ensemble.

Étant donné que ce verset des Écritures est très utilisé, nous étudierons le passage complet plus en détail. Il affirme qu'il existe une ressemblance entre Christ et Adam — verset 14. Il existe une analogie entre certaines œuvres accomplies par Christ et celles qu'Adam a accomplies. (Paul dit parallèlement qu'il se trouve plusieurs différences entre eux — versets 15, 16 et 17. Nous comprenons donc qu'il ne faut pas pousser trop loin la similitude.) La comparaison se rapporte à l'effet de l'action posée, à la fois par Adam et par Christ, sur les autres ainsi que sur eux-mêmes. Nous ne prétendons pas que le « tous » impliqué dans le geste d'Adam fait référence aux mêmes personnes que le « tous » impliqué dans le geste de Christ et ce, à cause des preuves limpides apportées par les arguments qui suivent :

a. Les Écritures présentent Christ comme la descendance de la femme (Genèse 3.15). Il s'ensuit qu'il ne peut en même temps représenter la descendance du serpent, qui se distingue de la descendance de la femme. En d'autres termes, Christ ne peut représenter toute la descendance d'Adam.

b. Dans Jean 17.9, Jésus déclare lui-même qu'il ne représente pas tous les descendants d'Adam.

c. Dans Hébreux 7.22, Christ est appelé le représentant de ceux qui se trouvent sous la Nouvelle Alliance. Cette Nouvelle Alliance n'est pas conclue avec toute la descendance d'Adam.

d. De toute évidence, Christ devait souffrir à la place d'autres personnes, selon Ésaïe 53.5-6. Les Écritures déclarent que certains souffriront pour eux-mêmes. Christ ne peut donc représenter toute la race d'Adam.

e. Christ ne peut représenter un individu en vain. Si l'on dit qu'il est le représentant de tous, son œuvre en faveur des damnés est donc inutile.

f. Si Dieu a agréé l'œuvre accomplie par son Fils — et il l'a fait — il faut donc qu'il agrée aussi tous ceux pour qui le Fils s'est offert. Mais Dieu ne prend pas plaisir en tous les hommes. C'est donc que Christ n'a pas été le représentant de tous les hommes.

g. Le fait que Christ n'est pas le représentant de tous les hommes, comme Adam l'a été, apparaît évident d'après les textes suivants : Matthieu 20.28; 26.28; Jean 10.15; 17.9; Actes 20.28; Romains 8.33.

Quatrième partie
CHAPITRE 7

Explication des versets qui semblent suggérer que ceux pour qui Christ est mort peuvent encore périr

Certains diront qu'il existe des versets qui semblent suggérer que ceux pour qui Christ a donné sa vie peuvent encore périr, et ils se servent d'un tel fondement pour argumenter en faveur d'un salut universel. Ainsi, ils ignorent d'emblée le problème posé par l'énoncé selon lequel Christ serait mort pour tous sans pour autant réussir à sauver tous les hommes.

Permettez-moi d'abord de dire que même si certains pour qui Christ est mort sont prétendument perdus, cela ne prouve pas qu'il soit mort pour tous ceux qui sont en réalité perdus! Ainsi, nous rejetons l'idée qu'un seul verset des Écritures puisse suggérer qu'un élu se perde. Examinons maintenant les passages tant utilisés par nos adversaires.

1. Romains 14.15 : Dans ce cas, ils prétendent que Paul enseigne la perte du salut. Nous réfutons carrément cette interprétation. Paul avertit simplement ses lecteurs de ne pas agir d'une telle manière. Recevoir un avertissement ne prouve pas qu'une telle chose puisse se produire.

De plus, il faut se rappeler que la Bible décrit comme « saints » et « frères » tous ceux qui font profession d'être membres de l'Église de Christ. Ce passage ne prouve pas qu'un racheté puisse se perdre. Il démontre en fait que certains que nous croyions être des « frères » ne l'étaient pas vraiment si, en définitive, ils viennent à se perdre.

2. 1 Corinthiens 8.11 : De nouveau, ils laissent entendre qu'un individu pour qui Christ a donné sa vie périt. La réponse à cet argument est que le verbe « périr » ne fait pas allusion à la perdition éternelle. Le péché est toujours destructif, même s'il ne mène pas toujours à la destruction éternelle, car certains qui pèchent sont quand même sauvés par Christ.

Une fois de plus, le mot « frère » indique simplement que ce dernier se nomme frère. Ce cas ne constitue d'aucune manière une preuve de la perdition éternelle de celui pour qui Christ est mort.

3. 2 Pierre 2.1 : Afin d'utiliser ce verset pour prouver que Christ est mort pour tous les hommes, incluant ceux qui périssent, il faudrait pouvoir démontrer les éléments suivants :

a. Le « Maître » désigne le Seigneur Jésus-Christ.

b. « Rachetés » signifie que la rédemption est acquise par la mort de Christ.

c. Ces docteurs étaient de vrais croyants, et non de simples professants.

d. N'importe quel élu de Dieu peut perdre son salut.

e. Et enfin, la mort de Christ était pour tous sans exception.

Tous ces éléments sont aléatoires, et ne peuvent constituer un fondement fiable pour conclure à une rédemption éternelle. Ainsi :

i. Le mot utilisé pour « Maître » en l'occurrence n'est pas le mot grec habituellement employé pour désigner Jésus-Christ ailleurs dans le Nouveau Testament. Le mot s'applique plus aisément à Dieu, en tant que Maître ou Propriétaire de tous les hommes.

ii. Le mot « rachetés » est généralement associé à des expressions telles que « par le sang » ou « par la mort » ou « à un grand prix » quand il est question de la mort de Christ. Le fait que ces mots soient absents de ce verset laisse croire à un sens plus large, à savoir, ceux qui sont rachetés sont ceux qui ont été délivrés d'un mal quelconque rattaché à cette vie terrestre — voir le verset 20 de ce passage.

L'intention de l'auteur consiste à établir que Dieu, dans sa bonté, préserve certains individus des pires maux du monde. Mais eux, par leurs fausses doctrines, renient celui-là même qui les a préservés, et par conséquent finissent par être détruits. Comment est-il possible de prouver à partir de ce texte que Christ soit mort pour chaque homme sans exception?

4. Hébreux 10.29 : Enfin, à partir de ce verset, nos adversaires disent que ceux qui ont été sanctifiés, mais qui ont foulé aux pieds

Christ, ont bénéficié de sa mort pour eux sans qu'il ait pu les sauver. Voici notre réponse :

a. Le but de ce passage est de démontrer la gravité de l'apostasie. Transgresser la loi de Moïse représentait une offense grave. À combien plus forte raison est-il lourd de conséquences de violer l'évangile du Fils de Dieu!

b. Il est question dans ce cas de ceux qui font profession d'être croyants. Ils ne le sont pas nécessairement.

c. L'auteur avertit ces lecteurs du danger de la perdition. Il dit : « si nous péchons volontairement... » Cela ne prouve pas que de vrais chrétiens puissent vivre de cette manière. De même, Dieu a averti Joseph de fuir en Égypte pour protéger le bébé Jésus du roi Hérode. L'avertissement a été donné, non parce que Jésus risquait d'être tué (à l'évidence, le plan de Dieu était tout autre), mais pour s'assurer qu'il ne le soit pas.

d. Le fait d'être « sanctifiés » par le « sang de l'alliance » ne prouve pas forcément qu'il s'agisse vraiment des mêmes personnes pour qui Christ est mort.

   i. Les apôtres, en écrivant aux Églises utilisaient souvent l'appellation de « saints » dans leurs salutations, et englobaient l'ensemble des gens de l'Église. Ce nom ne constitue pas une garantie que chaque individu l'était.

   ii. L'on référait souvent à ceux qui étaient baptisés comme étant « sanctifiés », voulant signifier qu'ils étaient mis à part des personnes non baptisées.

e. Si l'on persiste à dire que ceux qui foulent aux pieds Christ sont de vrais croyants, tout en demeurant perdus, il faut alors admettre :

   i. Que la foi et la sainteté ne sont pas obligatoirement les caractéristiques distinctives des élus de Dieu.

   ii. Que les vrais croyants peuvent être séparés de Christ.

Nous avons déjà démontré l'opposé de ces deux affirmations.

Ce passage démontre manifestement à ceux qui font une simple profession de foi à quel point il est terrible de pécher en transgressant ce qu'ils disent croire. En même temps, il constitue un avertissement pour les vrais croyants de ne pas pécher de la sorte.

Ainsi, avec l'assistance du Seigneur, je vous ai fourni une explication claire de ces passages si souvent utilisés par ceux qui prétendent faire la preuve que Christ est mort pour tous les hommes et ce faisant, j'ai établi notre thèse principale qui confirme que Christ est mort seulement pour les élus de Dieu.

Quatrième partie
CHAPITRE 8*

Un faux raisonnement dévoilé

Il semble de nos jours qu'un certain nombre de raisonnements dépourvus de sagesse soient propagés, et je veux maintenant les considérer. Ce dernier exercice servira de conclusion à cet ouvrage.

1. Voici l'un des arguments :

> Ce que tout le monde est enclin à croire est forcément vrai.
>
> Tout le monde est enclin à croire que Christ est mort pour lui.
>
> Par conséquent, il est vrai que Christ est mort pour tout le monde.

Je tiens pour acquis que « tout le monde » signifie tous les hommes sans exception et que « croire » désigne la foi en Christ qui sauve. Nous savons d'après les Écritures que tous les individus se trouvent dans un état de mort spirituelle, et que tous demeurent sous la colère de Dieu. L'argument ci-dessus insinue en fait que tous

---

* Au cours de l'écriture de *The Death of Death*, un dénommé Thomas More publiait un livre dans lequel il présentait des arguments auxquels Owen décida de répondre longuement en y consacrant une section qui précède ce chapitre. Le livre en question, *The Universality of God's Free Grace in Christ to Mankind* [Le caractère universel du don gratuit de la grâce de Dieu manifesté en Christ envers l'humanité], y est traité de façon détaillée par Owen. Il ne paraissait pas essentiel d'inclure ce document ici, puisque cet ouvrage n'est plus disponible aujourd'hui.

les hommes, quoique morts et sous la condamnation, sont toutefois enclins à croire que Dieu a formé le dessein que Christ meurt pour chacun d'eux en particulier.

Les Écritures ne supposent en aucun cas que Christ soit mort pour celui-ci ou cet autre en particulier, mais déclarent plutôt qu'il est mort pour des « pécheurs » de façon générale. Il ne s'y trouve pas non plus de commandement, ou de promesse, appelant un individu à croire que Christ est mort pour lui en particulier.

De plus, il ne peut être vrai que tous les hommes sans exception sont enclins à la foi qui sauve, à moins que l'on ne puisse démontrer que tous les hommes ont été placés devant un tel choix. Il est inconcevable que des millions de personnes n'ayant jamais entendu parler de Christ aient la responsabilité de croire en lui pour être sauvés. Paul démontre dans Romains 2.12 que plusieurs seront condamnés simplement parce qu'ils ont péché contre le témoignage que rend la nature — de toute évidence, la foi qui sauve n'est pas exigée de leur part!

Il faut donc récrire cet argument de la façon suivante :

Ce que toute personne appelée par l'évangile est encline à croire est forcément vrai.

Tous ceux qui entendent l'évangile sont destinés à croire que Christ est mort pour eux en particulier.

Par conséquent, Christ est véritablement mort pour tous ceux qui entendent l'évangile.

N'y a-t-il personne qui puisse voir que cet argument n'est d'aucune utilité pour défendre la cause en question! À ce point, il devient nécessaire d'admettre que la foi n'est pas exigée de tous les hommes, mais seulement de ceux qui en réalité entendent l'évangile.

Par conséquent, l'argument en faveur d'un salut universel est dès lors anéanti.

Une fois de plus, nous rejetons cette deuxième proposition. Lorsque l'évangile est prêché, la seule déclaration nécessaire est que « celui qui croira et qui sera baptisé sera sauvé, mais celui qui ne croira pas sera condamné » (Marc 16.16). Il est également possible d'ajouter que « le salut ne se trouve en aucun autre; car il n'y a sous le ciel aucun autre nom… (que celui de Christ)… par lequel nous devions être sauvés » (Actes 4.12). En d'autres termes, ceux qui entendent l'évangile ont la responsabilité de croire en la nécessité d'un Sauveur et que Jésus est ce Sauveur, et non de croire que Christ est mort pour chacun d'eux en particulier.

Il existe un ordre logique dans les vérités que Dieu demande de croire. Il n'est pas exigé de croire les dernières choses à moins de n'avoir cru les premières. On ne peut commander à un homme de se trouver tout en haut d'une échelle, sans qu'il ait au préalable gravi les barreaux inférieurs. Il est contraire à la règle de l'évangile d'appeler quiconque à croire que Christ est mort pour lui en particulier, sans qu'il soit d'abord convaincu :

i. De la véracité de l'évangile en général,

ii. que la foi est le seul moyen de salut,

iii. qu'il a besoin d'un Sauveur, et

iv. que Christ est capable de le sauver.

L'ordre établi par Dieu en ce qui a trait à la foi en l'évangile consiste premièrement, à se repentir et à croire que l'évangile est la parole de Dieu et que ce Jésus qui y est révélé est la voie du salut. Deuxièmement, il est nécessaire de croire qu'il existe un lien essentiel entre la foi et le salut. Troisièmement suit la conviction particulière de la part de l'Esprit de son besoin personnel d'un

Sauveur, par laquelle un individu devient « fatigué et chargé ». Quatrièmement, cette suite requiert en définitive l'abandon absolu de son âme à Christ à cause des promesses que donne l'évangile à tous ceux qui viennent à Christ.

En fin de compte, et non sans être passé par ces étapes au préalable, un individu peut avoir l'assurance que Dieu l'aime et que Christ est mort pour lui en particulier, s'appuyant sur le fait qu'il a été rendu capable d'exercer d'abord ces quatre actes de foi. (Car sans l'assistance de l'Esprit de Dieu, aucune de ces choses, encore moins cette dernière, ne peut être accomplie).

Il faut donc à nouveau récrire cet argument :

> Ce que chacun, qui est convaincu de la nécessité d'un Sauveur, du moyen d'être sauvé, et qui a faim et soif de Jésus-Christ est porté à croire doit être vrai.

> Chaque personne ayant une telle conviction est poussée à croire que Christ est mort pour elle en particulier.

> Par conséquent, il est vrai que Christ est mort pour elle en particulier.

De toute évidence, ce ne sont pas tous ceux qui entendent l'évangile qui sont incités à croire que Christ est mort pour eux en particulier, mais cela est donné seulement à ceux qui se qualifient selon les étapes précisées. Cette incapacité du pécheur de croire que Christ est mort pour lui en particulier ne cause pas sa condamnation. Il est déjà condamné parce qu'il n'a pas cru à la vérité de la parole de Dieu en général.

Ainsi, afin d'énoncer cet argument de manière valide et biblique, il nous a fallu progresser d'un terme à l'autre : nous sommes passés d'une multitude, c'est-à-dire « tout le monde » (dans la première présentation de l'argument), à un groupe plus restreint de « personnes appelées » (dans la première révision de l'argument) et enfin à un dernier groupe, soit « chaque personne qui est convaincue » (dans la seconde révision de l'argument). Y trouvons-nous quoi que ce soit qui puisse soutenir l'idée d'une rédemption universelle?

2. Un autre argument invoqué pour réfuter l'enseignement selon lequel la mort de Christ était uniquement pour les élus est que cette doctrine suscite chez les croyants le doute et la crainte. Si Christ n'est pas mort pour tous les hommes, comment avoir l'assurance qu'il est mort pour soi, en particulier?

À cela nous répondons qu'il n'est pas nécessaire pour un pécheur de savoir que Christ est mort pour lui en particulier pour venir à lui. Il est suffisant pour lui de savoir :

a. que le salut acquis par la mort de Christ constitue une certitude pour tous ceux qui croient,
b. que celui qui obéit à l'appel de Dieu sera assurément accepté par lui,
c. que le don gratuit de la grâce est disponible pour toutes les consciences accablées et chargées, et
d. que la mort de Christ est pleinement suffisante pour tous ceux qui viennent à lui.

Toutes ces vérités sont garanties par la mort de Christ. Est-il besoin d'autre chose? Comment une telle doctrine peut-elle soulever des doutes?

Par contre, si la mort de Christ concerne tous les hommes sans exception, et que malgré ce fait certains sont perdus pour l'éternité, il est alors raisonnable d'entretenir des doutes! Si *un seul* de ceux pour qui Christ est mort peut être damné, il n'y a donc aucune assurance pour qui que ce soit!

3. Cependant, d'autres prétendent résolument que la grâce de Dieu est rendue d'autant plus glorieuse que nous affirmons que Dieu a envoyé son Fils mourir pour sauver tous les hommes, à condition qu'ils s'approprient cette vérité.

Nous répondons à cette assertion par la question suivante : de quelle grâce de Dieu s'agit-il, pour qu'elle soit considérée comme universelle?

Il ne peut s'agir de la grâce de l'élection — car Dieu n'a pas choisi tous les hommes (Romains 9.11–15)

Il ne peut s'agir de la grâce de l'appel irrésistible — car cet appel de Dieu concerne seulement ceux qu'il a choisis (Romains 8.30)

Il ne peut s'agir de la grâce de la sanctification — car seule l'Église est sanctifiée (Éphésiens 5.25–27)

Il ne peut s'agir de la grâce de la justification — car personne n'est justifié, à part les croyants (Romains 3.22)

Il ne peut s'agir de la grâce de la rédemption — car les rachetés sont *issus de* toutes les nations (Apocalypse 5.9)

De quelle grâce s'agit-il donc pouvant comporter cette caractéristique universelle?

S'il est vrai que Dieu désire sauver tous les hommes, à la condition qu'ils croient, ne pose-t-il pas une condition qu'ils ne peuvent remplir? (Ce serait comme proposer un billet de 100 livres sterling à un aveugle à la condition qu'il ouvre les yeux pour le voir.) Comment une telle offre peut-elle mettre en valeur la grâce de Dieu? Dieu ne paraît-il pas plutôt comme un hypocrite? Si l'on insiste à vouloir étendre la grâce qui sauve à tous, elle est nécessairement répandue sur les perdus! Une grâce universelle finit souvent par être inefficace. A-t-on réellement réussi à en exalter la grandeur?

4. D'autres encore disent que la mort de Christ a bien plus de valeur si elle peut être offerte à tous les hommes.

Nous répliquons que la valeur rattachée à la mort de Christ ne se mesure pas au nombre de ceux à qui elle s'applique, mais plutôt par le fait qu'elle accomplit le plan de Dieu. Qu'un grand nombre ou peu de personnes profitent de la mort de Christ n'ajoute à cette dernière aucune autre valeur qu'elle ne possède déjà, puisque Dieu a réalisé son dessein.

5. Certains soutiennent que la théorie de la mort de Christ en faveur de tous les hommes comporte une plus grande consolation.

Nous répondons dans ce cas que la consolation n'est prévue que pour les croyants (Hébreux 6.17–18); les incrédules sont sous la colère de Dieu (Jean 3.36). Les croyants ne peuvent obtenir une plus grande consolation à la pensée que la mort de Christ est efficace pour ceux qui demeurent encore sous la colère divine.

Quelqu'un est-il tenté de chercher un peu de réconfort dans un tel argument? Qu'il s'efforce alors de le trouver quand il sera dans l'épreuve :

Christ est mort pour tous les hommes;

Je suis un homme;

Donc, Christ est mort pour moi.

Son propre cœur ne lui dira-t-il pas que c'est un faux raisonnement? N'y a-t-il pas des millions de personnes auxquelles Dieu ne se révèle pas? Quel réconfort peut-on trouver dans cette logique?

C'est une grande source de réconfort pour le croyant de savoir que Christ intercède en ce moment même pour les rachetés. Nous avons déjà établi cette vérité précédemment (Première partie, chapitre 7). Si la mort de Christ s'applique à tous les hommes, son intercession n'est manifestement pas pour tous les hommes (Jean 17.9). Si nous dissocions sa mort de son ministère d'intercession, elle ne nous apporte plus aucune consolation. Nous ne trouvons aucun réconfort supplémentaire en étendant l'expiation acquise par sa mort à un groupe excédant celui visé par son ministère d'intercession.

Si la foi et la sainteté des élus ne sont pas obtenues par la mort de Christ, d'où sont-elles venues? Elles ne pourraient alors provenir que des élus eux-mêmes! Est-ce là la consolation accrue qui s'offre à nous, nous éloignant du don gratuit de la grâce de Dieu pour nous livrer à notre propre volonté? Vers qui diriger l'âme qui soupire après la foi et la sainteté? Ne la dirige-t-on pas vers Dieu, qui donne toutes bonnes choses librement par Christ qui les a obtenues?

Mais, affirme-t-on encore, personne ne peut avoir l'assurance que Christ est mort pour lui, à moins de dire qu'il est mort pour tous et pour chacun.

Nous répondons à ce dernier argument que cette notion est entièrement erronée, puisque beaucoup de croyants *sont* convaincus que Christ est mort pour eux, bien qu'ils ne croient pas que Christ est mort pour tous les hommes. Cette assurance repose sur le fait que Christ est mort pour tous les croyants. Non pas qu'il soit mort pour eux parce qu'ils croient, mais ils croient parce qu'il est mort pour eux. Il est mort pour les élus qui, par sa mort, deviennent croyants. Ils savent, par l'œuvre de l'Esprit en eux, qu'ils se sont tournés vers Christ en toute sincérité afin d'obtenir miséricorde. Ils connaissent la déclaration des Écritures selon laquelle la mort de Christ est toute suffisante pour tous ceux qui viennent à lui de cette manière. Ainsi, puisqu'ils deviennent des croyants, ils peuvent avoir l'assurance que Christ est mort pour eux.

Que le lecteur juge lui-même. Ne s'agit-il pas là d'un meilleur fondement à l'assurance du croyant que l'argument fallacieux proposé ci-dessous :

Christ est mort pour tous les hommes (incluant les perdus);

Je suis un homme;

Donc, Christ est mort pour moi?

En guise de dernier argument, que le lecteur étudie Romains 8.32–34. Je suis persuadé qu'il en conclura que le réconfort spirituel que l'on peut recevoir se trouve uniquement dans le sang de Jésus, versé il y a très longtemps, et dans le fait qu'il intercède encore aujourd'hui. Ces deux vérités s'appliquent uniquement aux élus de Dieu, qui obtiendront une couronne immortelle de gloire qui ne peut se corrompre.

« **Impact Héritage** » est une marque déposée de « **Publications Chrétiennes inc.** », une maison d'édition québécoise fondée en 1958. Sa mission est d'éditer ou de diffuser la Bible ainsi que des livres et brochures qui en exposent l'enseignement, qui en démontrent l'actualité et la pertinence, et qui encouragent la croissance spirituelle en Jésus-Christ.

Pour notre catalogue complet :
www.publicationschretiennes.com

Publications Chrétiennes inc.
230, rue Lupien, Trois-Rivières, Québec, CANADA – G8T 6W4
Tél. (sans frais) : 1-866-378-4023, Téléc. : 819-378-4061
commandes@pubchret.org

www.ingramcontent.com/pod-product-compliance
Lightning Source LLC
Chambersburg PA
CBHW060202050426
42446CB00013B/2945